SARDINIEN

Reisen mit MARCO POLO Insider-Tipps

MARCO POLO TOP-HIGHLIGHTS

MONTE LIMBARA ★1
Hier stehst du im Wald, um dich herum nichts als geschälte Korkeichen. Steig der Landschaft der Gallura aufs Dach – vom Monte Limbara kannst du an klaren Tagen bis nach Korsika spähen.

➤ S. 47, Der Nordosten

ASINARA ★2
Ganz schwere Jungs saßen einst auf Sardiniens Alcatraz ein; heute hausen hier nur noch weiße Esel.

➤ S. 71, Der Nordwesten

CAGLIARI ★3
Auf dem alten Burgberg erlebst du schicke Palazzi, sardisches Dolce Vita und die schönste Piazza der Insel.

Tipp: Die beste Perspektive auf den Dom hast du eine Treppe tiefer auf der Piazza Carlo Alberto.

➤ S. 88, Der Süden

PUNTA LA MARMORA ★4
Der Aufstieg auf Sardiniens höchsten Berg ist kein Spaziergang – die Fernsicht dafür atemraubend.

Tipp: Am Berg übernachten und zum Sonnenunter- und -aufgang den Zeitraffer starten.

➤ S. 121, Das Landesinnere

VILLASIMIUS ★5
Ein Strandparadies, so groß und so schön, dass jeder hinwill – und das Tolle: Auch genug Platz findet jeder! (Foto)

Tipp: In Porto Giunco zum Sarazenenturm hochkraxeln: tolle Motive mit Strand, Lagune und Bergen im Hintergrund.

➤ S. 95, Der Süden

ALTSTADT VON ALGHERO ★6

Ganz und gar nicht landestypisch: In Alghero trifft Sardinien auf Katalonien. Schließlich haben die ehemaligen Besatzer diese Küstenstadt jahrhundertelang geprägt.

➤ S. 67, Der Nordwesten

MURALES IN ORGOSOLO ★7

Ausdrucksstarke Bildergeschichten von Hirten, Unterdrückung und sardischem Selbstbewusstsein.

➤ S. 117, Das Landesinnere

COSTA VERDE ★8

Die „Sahara Sardiniens" mit Europas höchsten Dünen ist genau das Richtige für Freunde der Einsamkeit.

📷 *Tipp: Einmal die Dünen runterrollen oder runtertollen – Sportautomatik oder Zeitlupe ein!*

➤ S. 84, Der Süden

GROTTA DI ISPINIGOLI ★9

Eine Traumwelt aus Tropfsteinen und Höhlenwänden, in allen Farben leuchtend.

➤ S. 106, Die Ostküste

ISOLA DI SAN PIETRO ★10

Thunfisch en masse, ein schrulliges Inselvölkchen und bizarre Küstenklippen aus erstarrter Lava.

📷 *Tipp: Für Landschaftsaufnahmen im Sonnenuntergangslicht ist Capo Sandalo perfekt.*

➤ S. 87, Der Süden

INHALT

DER NORDOSTEN
DER NORDWESTEN
DIE OST-KÜSTE
DAS LANDES-INNERE
DER SÜDEN

Besuch planen
€-€€€ Preiskategorien
(*) Kostenpflichtige Telefonnummer
Essen/Trinken
Shoppen
Ausgehen
Top-Strände

(A2) Herausnehmbare Faltkarte
(0) Außerhalb des Faltkartenausschnitts

BESSER PLANEN MEHR ERLEBEN!

Digitale Extras
go.marcopolo.de/app/sar

DAS BESTE ZUERST

Als wär's ein Skulpturengarten von Mutter Natur: Capo Testa

BEST OF
BEI REGEN
SCHÖN, AUCH WENN ES REGNET

MUSEUMSZITADELLE CAGLIARI
In der alten Zitadelle sind gleich fünf Museen untergebracht. Zu den Schätzen zählt das *Museo Archeologico Nazionale,* das eine spannende Reise durch die Vor- und Frühgeschichte der Insel garantiert.
➤ S. 90, Der Süden

SARDISCHE VOLKSKULTUR
Auch die Sarden haben ihre Trachten – jedes Dorf sogar seine eigene! Im *Museo del Costume* in Nuoro kannst du eine herrliche Sammlung von sardischer Volkskunst entdecken. Nur bitte nicht hungrig ins Museum: Die Abteilung der sardischen Brotkunst zeigt mehr als 600 Exponate, die aber nicht verspeist werden dürfen.
➤ S. 115, Das Landesinnere

IM BUMMELZUG DURCH DIE NATUR
Einst durchzog die Insel ein dichtes Netz von Schmalspur-Eisenbahnstrecken. Einige der schönsten Abschnitte werden heute in der Saison für die Touristen betrieben – ein unvergesslicher Tagesausflug ist die Fahrt im *Trenino Verde,* etwa von Arbatax nach Sadali.
➤ S. 105, Die Ostküste

THERMEN VON FORDONGIANUS
Schon die alten Römer erholten sich in den schwefelhaltigen Quellen. In den um 1800 erbauten *Antiche Terme Romane* kannst du dich gegen einen kleinen Obolus im 43 Grad heißen Wasser aalen.
➤ S. 80, Der Süden

MUSEUM FÜR SARDISCHE MESSER
Eine gute Gelegenheit, einmal zuzusehen, wie so ein Messer entsteht, bietet das *Museo del Coltello Sardo* in einer historischen Schmiede in Arbus (Foto).
➤ S. 85, Der Süden

BEST OF
LOW-BUDGET

FÜR DEN KLEINEN GELDBEUTEL

HÖHLE LOW COST
Einmalig ist die *Grotta di San Giovanni,* die ein Bach bei Domusnovas als natürlichen Tunnel in den Berg gegraben hat. Durch sie hat man einfach eine Straße gebaut; die kannst du durchwandern oder mit dem Rad erleben und zahlst dann nur den reduzierten Tarif – musst aber in einer Viertelstunde durch sein.
➤ S. 85, Der Süden

SKULPTURENGARTEN DER NATUR
Frei und kostenlos zugänglich ist das *Capo Testa* (Foto) bei Santa Teresa di Gallura mit seiner märchenhaft-phantastischen Welt aus skurrilen Felsgebilden. Handtuch nicht vergessen – es finden sich idyllische Strandséparées!
➤ S. 55, Der Nordosten

COSTA-SMERALDA-STIL GANZ UMSONST
Ein Höhepunkt der neosardischen Costa-Smeralda-Architektur ist die Kirche *Stella Maris* (Foto) in Porto Cervo, in der du sogar einen echten El Greco bewundern kannst. Gratis ist auch die Premiumaussicht auf den Yachthafen.
➤ S. 48, Der Nordosten

BERGWELT IM NATURPARK
Durch die wildromantische Bergwelt im *Parco dei Sette Fratelli* führen markierte Wanderwege mit Rastplätzen. Ein Infozentrum am Eingang hält kostenlose Routenpläne bereit und das eintrittsfreie *Museo del Cervo Sardo* informiert über den seltenen, im Park noch heimischen Sardischen Hirsch.
➤ S. 97, Der Süden

WILDPFERDE GUCKEN
Wildpferde? Gibts auf Sardinien tatsächlich! Sie durchstreifen die Korkeichenwälder der menschenleeren Hochebene *Giara di Gesturi* und den Naturpark *Foresta Demaniale di Porto Conte.*
➤ S. 122, Das Landesinnere, und S. 70, Der Nordwesten

BEST OF MIT KINDERN

SPANNENDES FÜR GROSS & KLEIN

HOFFÜHRUNG MIT STREICHELEINHEITEN

Wie hart und entbehrungsreich das sardische Landleben einst war, kannst du mit Kind und Kegel auf dem Schaubauernhof *S'Abba Frisca* bei Dorgali erleben. Anschließend können die Kleinen Esel streicheln und die Großen das hauseigene Olivenöl probieren.

➤ S. 106, Die Ostküste

SARDINIEN GANZ KLEIN

Erst mit dem Boot quer durch Sardiniens bekannteste Sehenswürdigkeiten, dann ab ins Planetarium und in den Dinopark: Das geht im Kinderparadies *Sardegna in Miniatura!*

➤ S. 122, Das Landesinnere

ABTAUCHEN FÜR ALLE

Mit Maske, Schnorchel und Tauchflossen dürfen alle Kinder, die schwimmen können, mit *Orso Diving* nach gründlicher Einweisung im La-Maddalena-Archipel auf Tauchstation gehen. Allein schon die Schlauchbootfahrt zu den Tauchgründen ist den Ausflug wert!

➤ S. 32, Sport

GUMPENPARADIES

Wer sagt eigentlich, dass man zum Baden Strand und Meer oder den Hotelpool braucht? Die *Piscine Naturali von Coccorrocci,* Wassergumpen mit Miniwasserfällen, sind ein Familien-Badeparadies.

➤ S. 105, Die Ostküste

KAMIKAZE-SPIRALE, SCHLEUDERRUTSCHE UND FARBENORGIE

In Sardiniens bekanntestem Spaßbad *Aquadream* an der Costa Smeralda gibts jeden Samstag Spaß mit Holi-Colour-Farben – gut, dass es gleich daneben eine Schaumparty gibt, bei der man die herrliche Schweinerei anschließend wieder abwaschen kann.

➤ S. 49, Der Nordosten

BEST OF
TYPISCH
DAS ERLEBST DU NUR HIER

PECORINO UND PANE CARASAU
Das hauchdünne *Fladenbrot* (Foto) und würziger *Schafskäse* sind die wichtigsten Grundnahrungsmittel der Hirten. Besonders im Inselinneren wird beides noch häufig nach alter Tradition von Hand hergestellt und in fast jedem Restaurant als Antipasto gereicht.

VERMENTINO UND CANNONAU
Sardiniens Winzer haben einen enormen qualitativen Sprung gemacht und keltern heute zahlreiche exzellente Rot- und Weißweine, die teils internationalen Kultstatus erreicht haben. Typisch sardisch sind der strohgelbe Vermentino und der dunkelrote Cannonau.

FEENHÄUSER
Überall auf Sardinien kannst du in Felsen große und kleine Höhlenöffnungen entdecken – sogenannte *domus de janas*, „Feenhäuser". Dabei handelt es sich um in den Fels getriebene prähistorische Grabstätten. Eine der eindrucksvollsten ist die weitläufige Nekropole *Montessu*, die sich über zwei Hügel erstreckt. Stundenlang kann man hier auf Trampelpfaden durch das stille Gelände und die zahlreichen Grotten und Grüfte streifen.
➤ S. 86, Der Süden

HIRTENMESSER
Jeder Junge träumt davon, jeder Sarde trägt es stolz mit sich – das Taschenmesser der sardischen Hirten. Früher gab es in fast jedem Ort einen Messerschmied, heute ist die Kunst nur noch in wenigen Dörfern zu finden, etwa in *Arbus* oder *Pattada*.

BOOTSAUSFLUG IM NATIONALPARK
Was kann es auf einer Insel Schöneres geben als einen Bootsausflug? Absolut top sind die zahlreichen *Inselchen im La-Maddalena-Nationalpark* zwischen Sardinien und Korsika.
➤ S. 52, Der Nordosten

SO TICKT SARDINIEN

Die Tracht wird auf Festen gern noch angelegt: Sartiglia in Oristano

ENTDECKE SARDINIEN

Badebuchten und graue und weiße (!) Esel: auf der „Eselinsel" Asinara im Nordwesten

Wer von Sardinien erzählt, setzt automatisch einen Sehnsuchtsblick auf. Da sind erst mal die Strände: Wer in der Bucht von Cala Brandinchi bei San Teodoro planschen war, braucht keine Karibik mehr, wer sich die Traumbuchten des Golfs von Orosei erwandert hat, weiß: Da muss ich wieder hin!

PLANSCHEN UND ENTSPANNEN

Natürlich ist Sardinien dank seines mediterranen Klimas und seiner 1900 km langen Küste mit unzähligen bilderbuchschönen Stränden und Buchten vor allem eine wundervolle Badeinsel. Doch gibt es hier viel mehr als nur Strand: Die wilde Welt der Berge mit ihrer unberührten Natur ist ein Paradies für Outdoorfans und Mountainbiker, dank ihrer Einsamkeit und Stille aber auch ideal zum Entschleunigen. Ständiger Begleiter auf der Entspannungstour: das helle Bim-

Um 6000 v. Chr. Erste dauerhafte Besiedlung

Ab 1800 v. Chr. Nuraghenkultur: 8000 Rundtürme und Gigantengräber

Ab 1000 v. Chr. Phönizier aus Nordafrika gründen Städte

227 v. Chr. Sardinien wird römische Provinz

Um 900 Vier unabhängige Reiche, sogenannte Judikate: Arborea, Cagliari, Gallura und Torres

1479–1708 Sardinien ist Teil des spanischen Weltreichs. Das Volk auf dem Land sinkt zu Leibeigenen ab

meln der Glöckchen der Schaf- und Ziegenherden, die tagein, tagaus durch die Landschaft ziehen.
Diese Landschaft – und das macht Sardinien so spannend – präsentiert sich immer wieder anders: zerklüftete Granithaufen und -klötze in der Gallura, zerfressene Kalkfelsen im Supramonte, vom Wind zerzauste, uralte Ginsterbüsche an der stürmischen Westküste, die bis in die Gipfelregionen dicht bewaldeten Berge des Gennargentu ... Und wenn dann der Sonnenuntergang die rot leuchtenden Küstenklippen der Costa Paradiso noch röter scheinen lässt, dann – war es das noch lange nicht. Wie wär' es jetzt mit einem Sundowner auf den Bastionen von Alghero: Wer die Sonne hinter den Karstfelsen des Capo Caccia, dessen Silhouette dann einem liegenden alten Mann mit Bäuchlein gleicht, untergehen sieht, für den ist der Sardinien-Erlebnistag noch längst nicht vorüber. Denn die Einwohner dieser Trauminsel lernst du am besten in den Abendstunden kennen.

BEGEGNUNG MIT DEN SARDEN

Gerade die Begegnung mit den Sarden ist ein prägender Teil deines Sardinienurlaubs – ob das am Wochenende die Familie am Strand ist, der Hirte unterwegs in den Bergen oder der Weinbauer, die Köchin, der Barmann: Ihre stolze Zurückhaltung und ihre unübertreffliche Gastfreundschaft spiegeln den Charakter der Insel ebenso wider wie ihre archaischen Gesänge und fremdartigen Melodien oder ihre schwermütig anmutenden, uralten Rundtänze.

1718 Die neuen Inseleigner aus Savoyen gründen das Königreich Sardinien

1820 Erlass über die Landeinfriedungen prägt die Landwirtschaft bis heute: Große Gemeindeweiden werden von den Reichen in Besitz genommen und mit Mauern umgeben

1948 Sardinien wird autonome Region innerhalb Italiens

1997 Sardisch wird zweite Amtssprache

2022 Das Consorzio Costa Smeralda wird 60 – so kurz erst gibt es Tourismus auf der Insel

So viel Stolz und Hingabe, wie die Sarden in die Pflege ihrer Traditionen legen, so viel Aufmerksamkeit und Liebe lassen sie ihrer Küche angedeihen, die du im Inselinneren viel besser kennenlernst als an der Küste. Ganz selbstverständlich werden Reisende bei den zahllosen Dorffesten eingeladen und herzlich in die Gemeinschaft aufgenommen. Und die Gelegenheit dazu ist gar nicht selten, denn übers Jahr finden stattliche tausend Ernte-, Schafschur-, Heiligen- oder Reiterfeste statt. Wenn dann die Sarden zu ihrem schweren Rotwein beginnen, ihre alten Weisen zu singen, kommt irgendwann der große Hunger durch. Und da hat Sardinien einiges mehr zu bieten als Pizza und Spaghetti!

DAS ECHTE SARDINIEN LIEGT IM INLAND

Sardinien wurde immer wieder erobert. Seit im 9. Jh. v. Chr. mit den Phöniziern die ersten Eindringlinge an ihren Küsten landeten, sah sich das Inselvolk fremden Herrschern ausgesetzt, die nichts anderes im Sinn hatten, als die Bevölkerung zu versklaven und die Reichtümer und Bodenschätze ihrer Insel auszubeuten. Die Sarden zogen sich von den Küsten in die wilden, unzugänglichen Berge zurück und wandten dem Meer und der Welt den Rücken zu. So wurden die Sarden ein Volk von Bauern und Hirten, deren Dörfer bis weit ins 20. Jh. hinein so einsam und isoliert voneinander lagen, dass sich zahllose lokale Dialekte ausbildeten. Und bis ins späte 20. Jh. war die Insel ein gefürchteter Verbannungsort: Das italienische Alcatraz, die abgelegene Gefängnisinsel Asinara, wurde erst 1998 geschlossen.

VOM LUXUSZIEL ZUM URLAUBSPARADIES FÜR ALLE

Als Anfang der 1960er-Jahre der Aga Khan, einer der reichsten Männer der Erde, die wunderschöne Nordostspitze der Insel für den Jetset entdeckte, brach er in eine archaische Welt ein, in der immer noch die alten Prinzipien von Ehre, Familie und Dorfgemeinschaft galten. Und so blieben die Luxusresorts für lange Zeit isolierte Welten, die kaum etwas mit Sardinien und den Sarden zu tun hatten – und sowieso nur ein paar kurze Wochen Saison. Der Name Costa Smeralda wurde in den Marketingabteilungen internationaler Investmenthäuser geboren und wie eine Kapitalanlage wurde das Promireservat auch gepflegt. Doch dank der sanften, naturnahen Küstenbebauung bleiben Sardinien bis heute die schlimmsten Auswüchse des Betonwahns weitgehend erspart: Zementierte und zersiedelte Küsten finden sich hier nur ganz selten.

Mit dem Aufkommen der Billigflieger wurde Sardinien als Urlaubsziel dann immer beliebter. Natürlich gibt es heute auch hier ein paar Auswüchse des Tourismus, verdrängen auch in Alghero und Cagliari Airbnb-Apartments wie in Berlin und Barcelona mehr und mehr Altstadtbewohner. Doch noch immer achtet eine in ihren Traditionen tief verwurzelte Bevölkerung die Gastfreundschaft als eines der höchsten Güter und begreift es als Ehrensache, dich als Gast mit Aufrichtigkeit und Respekt zu behandeln.

AUF EINEN BLICK

1.648.000
Einwohner

Mecklenburg-Vorpommern: 1.611.000

270 km
Mittlere Ausdehnung Nord–Süd

145 km
Mittlere Ausdehnung Ost–West

1230 km
Küstenlänge ohne Inseln

Länge der ehemaligen deutsch-deutschen Grenze: 1378 km

24.089 km²
Fläche

Tirol: 26.674 km²

HÖCHSTER BERG: PUNTA LA MARMORA
1.834 m

EINZIGER SCHIFFBARER FLUSS
Temo
55 km
davon schiffbar: ca. 6 km (bei Bosa)

UNGEFÄHRE ANZAHL DER NURAGHEN
7.000

BERÜHMTE SARDINIEN-URLAUBER

Lady Diana; George Clooney (war mit dem sardischen Model Elisabetta Canalis liiert); Götz George (hatte ein Haus in San Teodoro); DFB-Nationalmannschaft (Trainingslager vor dem Sommermärchen 2006)

500 MIO. €

Teuerstes Ferienhaus: Villa Certosa von Silvio Berlusconi in Porto Rotondo

ÄLTESTER SARDE
TZIU MUNDICU WURDE 112 JAHRE ALT

Auf Sardinien leben ca. 450 über 100-Jährige

SARDINIEN VERSTEHEN

KEIN ZWEITES KATALONIEN

Graffiti längs der Schnellstraße: *Sa Sardigna no est s'Italia: indipendèntzia!* – Sardinien ist nicht Italien: Unabhängigkeit! Viele Sarden sind der Ansicht, dass ihre Insel ein unabhängiger Staat sein sollte. Doch wie das aussehen soll, dazu gibt es auf Sardinien ungefähr so viele Meinungen, wie die Insel Dörfer hat. Grob geht es um das, was die Südtiroler genießen, nämlich Schul- und Kulturhoheit, Entscheidungsbefugnis über die Finanzen und das Recht auf die eigene Sprache. Der Frust über die Bevormundung aus Rom ist dort besonders groß, wo die Sarden in der Vergangenheit nie mitbestimmen durften, etwa bei der Ansiedlung von großen Industrien oder bei der Schaffung riesiger militärischer Sperrgebiete, die Sardinien zum „unsinkbaren Flugzeugträger" machten. Weil Frust ohne Ideen aber oft nur zu plumpem Protest führt, finden die italienischen Protestparteien in letzter Zeit eine große Anhängerschaft auf der Insel. Ganz so heiß wie auf der Nachbarinsel Korsika geht es nicht zu: Der Protest ist bisher gewaltlos geblieben, es sprechen *murales* statt Bomben.

HIRTE: BERUF ODER BERUFUNG?

In die Muckibude braucht keiner von ihnen, denn hier wird noch viel per Hand gemolken und das ist besser als jede Hantel. Sie zu erkennen ist keine Kunst, ein Blick auf Puls oder Unterarm genügt. Wenn man sie morgens um fünf ihren Cappuccino (oder auch ein sardisches Ichnusa-Bier) in der Bar runterstürzen sieht, würde man nie erwarten, dass diese in verstaubten Jeans steckenden Männer oft hektarweise Land besitzen. Der Hirte muss Krankheiten heilen, Käse und Ricotta herstellen – noch heute wird ein guter Teil des Käses nicht in den Molkereien zubereitet, sondern in der Einöde.

Das klingt alles wildromantisch, aber die Begriffe Urlaub oder Sonntag kennen die ca. 30 000 Hirten Sardiniens nicht. Mehr als Beruf ist es wohl doch eine Berufung – von Generation zu Generation wird dieses Handwerk noch weitergegeben. Junge Hirten sind dank Auto und Straßen nicht mehr vom gesellschaftlichen Leben ausgeschlossen und wohnen in modernen Mehrfamilienhäusern statt in *pineddas,* den einfachen Schutzhütten aus Steinblöcken mit einem spitzen Dach aus Ästen und einer offenen Feuerstelle. Mit den alten Hirten verschwinden die malerischen Gestalten im Anzug aus festem Samt und mit der knappen Schirmmütze auf dem Kopf. Der Nachwuchs steckt lieber in Jeans oder auch in Secondhandklamotten aus Beständen des deutschen Militärs.

Mit mehr als 5 Mio. Schafen liegt Sardinien weit an der Spitze der italienischen Regionen. Der beste Schafskäse Italiens kommt von der Insel – hier werden rund 80 Prozent des heiß geliebten Pecorino hergestellt. Also immer hinein in die gute Stube, wenn irgendwo in der Pampa „Vendita Formaggi" steht. Auch was da so manches

Mal aus dem Kofferraum eines alten Fiat Panda heraus direkt am Strandparkplatz verkauft wird, kann durchaus gut und authentisch sein – genauso wie der strenge Duft. Aber Achtung: Pecorino sollte unter 15 Grad gelagert werden und nicht in der Strandtasche.

KATHEDRALEN IN DER WÜSTE

Besser kann man die vielen missglückten Industrialisierungsprojekte aus der zweiten Hälfte des 20. Jhs. nicht umschreiben. Die großen Erdölraffinerien in Porto Torres und im Golf von Cagliari, die Faserchemie von Ottana, die Aluminiumhütten von Portoscuso und die Papierfabrik von Arbatax haben einst als Wahlversprechen gezogen, aber sichere und qualifizierte Arbeitsplätze haben sie kaum geschaffen. Für den sardischen Markt wird wenig produziert, sie belasten die Umwelt und sind immer wieder von der Schließung bedroht. Ein Großteil steht nun leer und verlassen in der Landschaft.

KLEIDER AUS KORK?

Sie ist fast ein Symbol der Insel: die Korkeiche. Sie ähnelt einer Steineiche, nur Blätter und Eicheln sind etwas kleiner. Ihre Rinde dagegen ist gewaltig und knubbelig und wenn sie alt genug ist, hat sie am oberen Stammende einen horizontalen Schnitt, sodass es aussieht, als hätte sie die Hosen aus, denn wenn ein Baum gerade seiner Rinde entledigt wurde, wird der Stamm dunkelrot. Kork wird noch per Hand gewonnen, im Hochsommer, wenn die Rinde trocken ist. Erst wenn die Eiche um die 25 ist, kann sie das erste Mal geschält werden und dann erst wieder alle neun bis 15 Jahre. Aus sardischem Kork werden nicht nur Weinkorken und Kunsthandwerk her-

Alle neun bis zwölf Jahre ist es so weit: frisch geschälte Korkeichen in der Gallura

Virtual Reality aus dem analogen Zeitalter: *mural* in San Sperate

gestellt, sondern auch Fußbodenbeläge, Isolierplatten, Hocker, Mousepads, Bucheinbände und … Designerkleider und Taschen, die es schon auf internationale Laufstege geschafft haben! Das Patent für die „Vegetable Fibres" hat Anna Grindi aus Tempio, die nach jahrelangen Versuchen und Belächeltwerden ihren Traum vom Korkstoff verwirklicht hat. Sardinien ist übrigens nach Portugal und Spanien der drittgrößte Korkproduzent in Europa. Circa zehn Prozent aller Korken auf der Welt kommen aus der kleinen Gemeinde Calangianus in der Gallura mit ihren rund 200 Korkfabriken.

NATURSCH(M)UTZ

Vom Winde verweht: Mal wieder flattern Werbeflyer durch die Straßen und die Plastikflasche rollt zum nächsten Bordstein. Zwar wird seit ein paar Jahren getrennt (Mülltrennung ist auch für Urlauber Pflicht!), aber den ultimativen Dreh zum Sammeln haben die Sarden noch nicht raus. Man gibt sich Mühe und hat aus den Supermärkten Plastiktüten verbannt – dort gibt es nur noch kostenpflichtige Beutel aus Maisstärke. Doch noch immer kann so mancher Oldtimerfan in der Macchia nach Autowracks aus den 1970er-Jahren suchen. Auffällig ist auch, wie viele Familien von Plastikgeschirr essen, das dann sogar hin und wieder im Küchenherd verbrutzelt. Und die alljährlichen Waldbrände entstehen oft aus unachtsamem Umgang mit Feuer oder sind gar vorsätzlich gelegt.

SARDISCHE STREET-ART

Plakativ und meist auf den ersten Blick verständlich: In Orgosolo und Villagrande Strisaili liest man auf Hauswänden Bildergeschichten über Vergangenheit und Gegenwart mit der Hoffnung auf eine bessere, unbedingt sardische Zukunft. Die ersten Anstöße kamen aus der italienischen Studenten- und Protestbewegung nach 1968: Politisch engagierte junge Künstler lernten die Wandmalereien in Mexiko und Chile kennen und übernahmen auch das spanische Wort *murales*. Später griffen dann auch Laien zu Pinsel und Farbe. Die Themen kamen zunächst vom sardischen Unabhängigkeitsbestreben, dem Protest gegen den Ausverkauf der Insel an Militärs und Tourismusunternehmen, aber auch aus der sardischen Geschichte, der Welt der immer Unterlegenen und der harten Kämpfe zwischen Herren und Knechten. Tolle, realistische 3-D-Effekte haben die *murales* in Dörfern wie San Sperate, Serramanna und Tinnura: Dort werden Dorfszenen gezeigt und so manche alte Häuserwand scheint in eine virtuelle *Murales*-Welt zu führen.

ANDIAMO AL MARE

Sardiniens Strände sind wohl das Ziel Nummer eins der meisten Urlauber, und das zu Recht, denn was ihre Schönheit und Anzahl angeht, brauchen sie den Vergleich mit der Karibik nicht zu scheuen. Bis auf ein paar Ecken um die großen Industriehäfen ist das Meer klar und sauber und die Strände sind größtenteils unberührte Natur. An der Nord- und Westküste bläst der Mistral manchmal heftig – ideal für Surfer und Kiter. Ost- und Südküste sind eher ruhig. Die Badesaison beginnt für nord- und ostseegestählte Mitteleuropäer im Mai (die Italiener warten lieber auf den Juli ...)

KLISCHEE KISTE

TEURES PFLASTER

Zugegeben, wer mit Edelschlitten über die Insel brettern, in Megavillen hausen und auf Superyachten rumschippern will, der kann an der Costa Smeralda mächtig Geld liegen lassen. Doch wer Frühbucherrabatte nutzt, Fiat statt Ferrari fährt und die Hauptferienzeit, Luxusgüter und Hotels mit Privatstrand meidet, gibt auf Sardinien auch nicht mehr aus als anderswo.

SARDISCHE BANDITEN

Böse Zungen behaupten, so manche Einzelreisende sei ja schon nach Orgosolo gereist, um sich von einem Banditen in ein verstecktes Räubernest entführen zu lassen. Doch der wildromantische Ruf der Rächer der Entrechteten beschränkt sich im Bergland der Barbagia heute auf vereinzelte Überfälle von Geldtransportern, denen mit umgesägten Bäumen die Straße versperrt wird. Ein wenig anders verhält es sich mit der Vendetta. Bei den oft viel zu platt als Blutrache bezeichneten Regeln des gesellschaftlichen Lebens der Barbagia handelt es sich nicht um willkürliche Familienfehden, sondern um ungeschriebene Gesetze, die das Miteinander dort regeln, wo auch heute noch kein Carabiniere hinschauen will. Auch wenn diese Gesetze eine ernste Sache sind: Blut fließt dabei eher selten.

INSIDER-TIPP
Im Herbst lieber in den Süden

und angenehm warm ist das Wasser sogar noch im Oktober oder November, wobei der Süden dann immer noch ein paar Grad mehr aufweist als der Norden. Übrigens sind alle Strände Sardiniens frei zugänglich. Wer will, kann sich also auch beim Superreichen vor die Villa legen. Nicht ärgern, wenn der Traumstrand mal meterhoch mit Seegras *(posidonia)* bedeckt ist: Aus Umweltschutzgründen darf es nicht entfernt werden, denn es gehört zu einem gesunden Meer wie Sand, Fische und Muscheln. Mit etwas Glück und dem richtigen Wind sieht die Situation ein paar Tage später schon ganz anders aus. Und damit das auch so bleibt, ist Sand-, Steine- und Muschelsammeln streng verboten – und das wird an den Flughäfen auch kontrolliert! Viele Strände sind nicht ausgeschildert, aber Google Maps kennt mittlerweile die meisten Buchten.

SA LIMBA SARDA

Die sardische Sprache ist kein italienischer Dialekt, sondern eine anerkannte, eigenständige Sprache und seit 1997 zweite Amtssprache auf der Insel. Das Problem ist nur: So viele Hügel und Dörfer es gibt, so viele verschiedene Dialekte des Sardischen werden gesprochen. Auf den vielen Landfesten wird auf Sardisch gesungen, sardische Gedichte und Redensarten gibt es wie Steine in der Gallura. Viele Orte haben zwei Ortsschilder: Das auf Sardisch ist neu und heil, das auf Italienisch dagegen oft von Schüssen durchlöchert. Aber keine Angst, im Alltag geht es friedlich zu: Wenn ein Sarde mit einem Nichtsarden spricht, wechselt er sofort in ein korrektes Schriftitalienisch.

WORTWÖRTLICH: KOST-BARES NASS

Monatelange Trockenheit ist in den Sommermonaten nichts Außergewöhnliches. Zur Plage wird dies (neben der erhöhten Gefahr von Wald- und Macchiabränden), wenn die sonst regenreichen Winter ausbleiben und viel zu mild und trocken sind. Dann versiegen Quellen und Felder und Weiden verdorren vorzeitig. Obwohl in den meisten Ferienorten kaum etwas davon zu spüren ist, sollte man daher auch als Urlauber nicht endlos unter der Dusche stehen. Die Quellen in Berg- und Waldgebieten sind oft umlagert von Leuten mit Kanistern und großen Korbflaschen, denn ihr frisches Wasser schmeckt besser als das oft gechlorte aus dem Hahn – probier es aus!

QUATTRO MORI

Überall sieht man sie im Wind flattern, ob am Rathaus oder am Strandkiosk. Mal tragen sie die Binde auf der Stirn, mal über den Augen, hier schauen sie nach links und dort wieder nach rechts. Viele Diskussionen gibt es um die sardische Flagge mit den *quattro mori,* den vier Mauren. Was heute kaum noch einer weiß: Es handelt sich um das Hoheitssymbol der Aragoneser, die ab dem 14. Jh. für lange Zeit das Zepter auf der Insel in der Hand hielten und ihr Banner gleich mitbrachten. Und obwohl die damaligen Zeiten nicht wirklich rosig für die Sarden waren, gehören die *quattro mori* mittlerweile zu Sardinien wie das mit der Flagge geschmückte Ichnusa-Bier in die Strandbar.

INSEL DER TÜRME

Um die 100 Türme verteilen sich gleichmäßig an der sardischen Küste: Die sogenannten Sarazenentürme wurden zwischen dem 15. und 18. Jh. gebaut, um Angriffe der Piraten („Sarazenen") abzuwehren. Diese plünderten nämlich über Jahrhunderte Dörfer auch weitab der Küste und verschleppten sogar deren Einwohner in die Sklaverei. Noch spektakulärer sind ohne Zweifel die Nuraghen, mächtige, megalithische, kegelstumpfförmige Türme, die der Zivilisation der Nuragher ihren Namen gegeben haben, einer der interessantesten Kulturen der Bronzezeit. Man könnte sie fast als ein Volk fanatischer Baumeister und Bildhauer bezeichnen. Mehr als 7000 ganz oder teilweise erhaltene Nuraghen stehen auf der Insel; von vielen sind nur noch die Grundmauern zu sehen, andere erreichen mit bis zu drei Stockwerken Höhen von über 12 m, wieder andere werden als Unterstand oder Schafstall genutzt. Längs den Bergrücken oder an den Rändern von Hochebenen stehen sie in langen Reihen in Sichtkontakt. Sie bildeten Verteidigungslinien, was gut bei Macomer und um die Giara di Gesturi zu erkennen ist. Dazu kommen Hunderte von Grabstätten (sogenannte Riesengräber), diverse kleine Tempel für den Wasserkult (heilige Brunnen) und Tausende Bronzefiguren, die Krieger, Pilger, Priester, Tiere, Schiffe und Nuraghen darstellen.

Wie haben die das bloß gemacht?! Staunen im Inneren einer 3500 Jahre alten Nuraghe

ESSEN SHOPPEN SPORT

Beliebt bei Feinschmeckern, aber nicht bei Badenden: Seeigel

ESSEN & TRINKEN

Auch wenn Pizza und Spaghetti auf der Karte stehen, die echte sardische Küche ist ganz anders als die auf dem italienischen Festland. Hirten, Bauern und Fischer haben ihre eigene Esskultur.

Brot ist noch vor den Nudeln das Hauptnahrungsmittel Sardiniens. In den Hirtendörfern des Landesinneren, wo noch viele Familien selbst backen, gibt es das dünne, knusprige Fladenbrot, das die Sarden in seiner hauchdünnen, runden Form *pane carasau* nennen (die Italiener hingegen *carta di musica* – Notenpapier) und in der etwas dickeren, rechteckigen *pane pistoccu*. Zum *pane frattau* wird es in Brühe eingeweicht, mit Tomatensauce und Käse aufgeschichtet und mit einem pochierten Ei belegt. Manchmal wird es werbewirksam als „Pizza Sarda" angepriesen. Achtung übrigens beim Brot: Was man abgepackt im Supermarkt findet, ist meist recht geschmacksneutral. Besser hält man nach einer *panetteria* oder einem *forno* Ausschau.

PASTA UND PIZZA

Aber auch Teigwaren gehören zum festen Bestand sardischer Küche; Spaghetti sind, obwohl festlandsitalienischen Ursprungs, inzwischen sehr beliebt. In der Alltagsküche verdrängen sie sogar die traditionellen sardischen Nudelsorten wie die *malloreddus*, die meist mit *Salsiccia*-Sugo serviert werden, oder die handgewalzten *fregola*-Kügelchen.

Pizza isst man am besten da, wo viel los ist – denn nur was auch die Einheimischen essen, hat den Namen Pizza verdient. Ein Schild mit *pizza a pranzo*, also Pizza zum Mittagessen, deutet oft auf Touristenfallen hin. Neu im Trend sind „Pizza-Gourmet"-Läden: Pizzaschnitten,

INSIDER-TIPP
Niente Pizza zum Mittag

Cannonau ist die führende sardische Rebsorte für gehaltvolle Rotweine (re.)

mit hochwertigen Zutaten belegt und ideal für den kleinen Hunger – aber nicht immer für den kleinen Geldbeutel.

GRILLEN IST MÄNNERSACHE

Zu Festen und an Sonntagen finden oftmals große Bankette unter freiem Himmel statt; dann zieht feiner Ferkel- und Lammduft durch die Wälder. Schon Stunden bevor es ans Essen geht, werden die Tiere rund ums Feuer auf den Spieß gesteckt. Über das Braten wachen die alten Männer, deren Erfahrung die knusprige, goldbraune Kruste und saftiges und aromatisches Fleisch sichert. Wacholder-, Myrten- und Rosmarinzweige in der Glut geben im Rauch von ihrem aromatischen Duft ab. Die eigentliche Würze sind jedoch die Kräuter, die das Tier beim Weiden gefressen hat. Dieses traditionelle sardische Barbecue ist Männersache und den letzten Kick gibt dem sardischen Spanferkel der schwere Cannonau-Rotwein, der zur Stärkung während der stundenlangen Zubereitung dient.

A carraxiau nennt sich die größte aller sardischen Spezialitäten, der legendäre Braten in der Erde. Zuerst wird in einer Grube ein riesiges Feuer abgebrannt, dann gart das Tier auf der Glut. Seinen Ursprung dürfte diese ungewöhnliche Zubereitung in den verbreiteten Viehdiebstählen haben. Wenn die Hirten ein fremdes Lamm verspeisen wollten, brannten sie zur Tarnung über der Glut des Erdlochs ein scheinbar unschuldiges Feuer ab.

ALLES KÄSE

Der Duft der kargen, aber kräuterreichen Weiden steckt auch im Käse, den es von cremig-zart bis steinhart gibt, meist vom Schaf. Der klassische *pecorino sardo* ist ein Schafskäse, der *fresco* nach ein, zwei Monaten mild

und essfertig ist und nach sechs Monaten als *stagionato* eine kräftige Würzigkeit bekommt. Eine alte Tradition ist der streng riechende *casu marzu,* bei dem Fliegenlarven den harten Käse in eine streichfähige Creme verwandeln. Das ist sicher nicht jedermanns Sache und im Handel nicht erhältlich, weil verboten, denn die lebendigen Würmchen isst man mit.
Weniger Experimentierfreudige freuen sich an den vielfältigen milden Käsesorten wie dem *dolce sardo,* einem Weichkäse aus Kuhmilch, dem milden *ricotta,* einem quarkähnlichen Frischkäse, am besten aus Schafsmilch, oder dem salzig-säuerlichen *ricotta salata* – lecker übrigens mit Honig, zum Beispiel dem bitteren *miele amaro* vom *corbezzolo,* dem Erdbeerbaum.

FISCH MIT KRÄUTERTUNING

Fangfrisch und auf dem Holzkohlengrill geröstet, sparsam nur mit aromatischen Kräutern und etwas Knoblauch gewürzt, entfalten auch weniger teure Fische wie die fleischige Meeräsche *(muggine, cefalo)* und sogar die billigen Sardinen *(sarde)* ein Aroma, das nur noch von den Strandpicknicks der Fischer übertroffen wird.

WEG VOM 08/15-WEIN

Sardischer Wein war jahrzehntelang nahezu unbekannt, denn produziert wurde überwiegend für den Massenmarkt. Das hat sich enorm verändert, seit immer mehr Winzer auf Qualität setzen und in Zusammenarbeit mit führenden Önologen Weine auf den Markt bringen, die in Fachkreisen weltweit für Hochachtung sorgen.

Der sardische Spitzenwein schlechthin ist der rote Turriga der Cantina Argiolas aus Serdiana, dicht gefolgt vom ebenfalls roten Korem. International begehrt sind auch die roten Terre Brune und Rocca Rubia der Cantina von Santadi. Den besten Cannonau – die klassische Rotweinrebe Sardiniens – keltert die Cantina von Oliena, den schweren Nepente.
Der meiste und beste Weißwein – am bekanntesten ist hier der Vermentino – wird in der Gallura um die Orte Berchidda, Monti und Arzachena angebaut. Unangefochten die Nummer eins unter den Weißen ist jedoch der Capichera, ein ebenso edler wie hochpreisiger Wein, der in keinem Edelrestaurant der Costa Smeralda auf der Weinkarte fehlen darf. Im Westen werden auch einige großartige Dessertweine angebaut, vor allem die Malvasia von Bosa, Sorso und Sennori und die Vernaccia di Oristano aus dem Tirsotal.

KEIN ESSEN OHNE *DIGESTIVO*

Aus den bitteren Myrtenbeeren wird der sardische Mirto gemacht, an dem sich die Geister scheiden: Die einen finden, er schmecke wie Hustensaft, die anderen nehmen den starken Likör gleich flaschenweise mit nach Hause. Beim Rachenputzer Filu 'e Ferru kann man nichts verkehrt machen: Der Name des sardischen Grappas bedeutet wörtlich übersetzt Eisendraht – die Bezeichnung stammt aus der Zeit, als man schwarz gebrannten Schnaps im Garten verscharrte. Um ihn wiederzufinden, band man an die Flasche einen dünnen Eisendraht.

Unsere Empfehlung heute

Antipasti

PANE GUTTIAU
Sardisches Fladenbrot mit Salz und Olivenöl

INSALATA DI POLPO
Krakensalat mit Kartoffeln, Staudensellerie, Knoblauch und Petersilie

COZZE GRATINATE
Mit Knoblauch, Petersilie, Brotkrumen und Pecorino überbackene Miesmuscheln

Primi Piatti

FREGOLA CON ARSELLE E BOTTARGA
Pastakügelchen aus Hartweizengrieß mit kleinen Muscheln und getrocknetem Meeräscherogen

RAVIOLI DI BIETOLA E RICOTTA
Mit Ricotta und Mangold gefüllte Teigtaschen

MACCARRONES FURRIAOS
Nudeln mit Frischkäse

CULURGIONES
Teigtaschen mit Kartoffelfüllung, Minze und Tomatensauce

ZUPPA GALLURESE
Brotauflauf mit Schafsbrühe und geriebenem Schafskäse

Secondi

PORCEDDU
Am Spieß geröstetes Spanferkel mit knuspriger Kruste

AGNELLO CON I CARCIOFI
Lamm mit Artischocken, im Backofen geschmort

AGNELLO AL FINOCCHIETTO SELVATICO
Lammragout mit frischem Wildfenchel

CINGHIALE AL FORNO
Wildschwein, im Backofen geschmort

CORDULA CON PISELLI
Innereienzopf mit Erbsen und Sugo

ARAGOSTA ALLA CATALANA
Hummer aus Alghero, serviert mit frischen Tomaten und Zwiebeln

Dolci

PARDULAS
Süße, kleine Ricottaküchlein mit Safran

SEBADAS CON MIELE AMARO
Frittierte, mit Käse gefüllte Teigtaschen, mit bitterem Honig angemacht

PAPASSINOS
Mürbeteiggebäck mit Rosinen, Mandeln und Nüssen

SHOPPEN & STÖBERN

ECHTE HANDARBEIT

In vielen sardischen Dörfern vor allem im Landesinneren stehen in den Häusern noch die Handwebstühle, an denen die Frauen aus der Wolle ihrer Schafe Teppiche und Decken nach uralten Mustern weben – hier kannst du direkt an der Quelle kaufen. Auf den Treppenabsätzen der alten Häuser von Castelsardo flechten die Frauen noch immer kunstvolle Körbe in allen Größen und Formen, die sie an Touristen verkaufen. Schalen, Krüge, Teller und Leuchter aus Keramik werden nach überlieferten Mustern und in modernem Design in vielen Orten hergestellt. Wer sichergehen will, keinen Ramsch zu erwerben, hält bei Händlern oder an den Flughäfen Ausschau nach dem regionalen Kunsthandwerkszertifikat Isola. Sardische Künstler schaffen nicht nur Handwerkskunst, das aussieht wie Urlaubssouvenirs aus dem Nachlass der Großtante: Moderne Töpferarbeiten aus Sardinien schaffen es oft in die edelsten Luxusherbergen und Designerläden der Insel.

KITSCH AS KORK CAN

Jede Menge Mitbringsel aus und mit Kork gibt es praktisch überall auf der Insel. Von Postkarten bis zu Obstschalen wird so ziemlich alles verkork(s)t. Wenn unter der Korkschicht eine Flasche Mirto-Likör steckt, kann man sich das Souvenir auch noch schöntrinken.

NICHT NUR FÜR HIRTEN

Wenn Sarden ein Souvenir von ihrer Insel wählen könnten, wäre das wohl ein ⚑ traditionelles Hirtenmesser aus Pattada, Santu Lussurgiu oder Arbus, handgeschmiedet aus Stahl, der Griff aus poliertem, ausgesucht schönem Horn – ein Werkzeug und Schmuckstück, das jeder sardische Mann in der Tasche trägt. Bloß nicht ins Handgepäck damit!

Lust auf einen handgeflochtenen Korb (li.)? Ein Zentrum dieser Kunst ist Castelsardo

ALLES, WAS SCHÖN MACHT

Peelingsalbe aus Obsidianmehl, Anti-Falten-Creme mit Korallenextrakten, Anti-Aging-Paste mit Auszügen aus der Cannonautraube oder der Verkaufsrenner, hautstraffendes Bodywasser mit Italienischer Strohblume (Helichrysum): Soha Sardinia hat sich hochwertiger (und entsprechend hochpreisiger) Edelkosmetik mit sardischen Zutaten verschrieben – erhältlich in allen guten Parfümerien der Insel.

SARDISCHES SUPERFOOD

Honig aus Eukalyptus-, Orangen- oder Erdbeerbaumblüten ist gesund und hilft bei Erkältungen – und verarbeitet zu Konfekt und Mandelgebäck soll er schon manchem gegen akute Sardinien-Sehnsucht geholfen haben. Dass Olivenöl gesund ist, versteht sich von selbst. So mancher sardische Hundertjährige schwört auf die lebensverlängernde Wirkung des sardischen Rotweins. Den kannst du wie alle anderen Flüssigkeiten übrigens auch am Flughafen nach dem Check-in kaufen. Bei *Bonu (Largo Carlo Felice 33 | bonu.it)* in Cagliari kannst du am Tag vorm Abflug deinen Großeinkauf tätigen und am nächsten Tag im Flughafenshop abholen – dein Beutezug gilt dadurch als Flughafeneinkauf und darf zusätzlich zum Handgepäck an Bord!

INSIDER-TIPP
So gehts flüssig ins Handgepäck

BLING-BLING

Silber- und Goldfiligranschmuck findest du in Alghero, Bosa, Gavoi, Nuoro, Dorgali, Iglesias und Cagliari. Korallen wurden früher in Alghero und Bosa aus dem Meer gefischt und zu Schmuck verarbeitet. Heute sind die Bestände geschützt, das Rohmaterial kommt meist aus Fernost. Am umweltfreundlichsten ist Bijouterie aus Kunststoff – sieht fast aus wie Omas Korallencollier!

SPORT

Über 1900 km Meeresküste besitzen Sardinien und seine Inseln. Wassersport wie Schnorcheln und Tauchen, Segeln und Surfen kannst du rund um die Insel betreiben. Absoluter Trend im Frühling und Herbst: Wanderungen in den Bergen und an der Küste.

Sardinien bietet für alle Sportarten in der Natur ein Füllhorn an Möglichkeiten. Dabei solltest du jedoch etwas Pioniergeist mitbringen, denn außerhalb der beiden Outdoorzentren Dorgali/Cala Gonone und Oliena gibt es noch viel zu entdecken. Auf eigene Faust sollten dies jedoch nur Erfahrene mit guter Kondition und ebensolchem Orientierungssinn unternehmen, denn Wege und Wasserstellen sind meist nicht gekennzeichnet und die Sonne kann schon im Mai und bis in den September gnadenlos vom Himmel brennen. Auf eigene Faust loswandern geht für Sonntagsspazierer auf jeden Fall, aber wer ernsthafte Trekkingambitionen hat, vertraut sich besser einer der zahlreichen Kooperativen mit ortskundigen und professionell ausgebildeten Führern an. Gute Tipps von Einheimischen zum Wandern, Radeln und Mountainbiken findest du auf *wikiloc.com.* Ein großes Angebot an Sporterlebnissen und Ausflügen auf der ganzen Insel vermittelt *Sardinia4all (sardinia4all.de).*

TAUCHEN

Ideale Bedingungen finden Taucher und Schnorchler an den Felsküsten, besonders dort, wo der Untergrund mit Klippen den Meerestieren Lebensraum mit Verstecken, Kinderstube und gutem Nahrungsangebot bietet. Tauchkurse für Anfänger, Fortgeschrittene und Profis an den schönsten Stellen in der Inselwelt des Nationalparks La Maddalena bietet *Orso Diving (Tel. 34 80 64 18 25 | orsodi*

So wild wogt das Mittelmeer nicht immer: Surfer bei Capo Mannu auf der Sinishalbinsel

ving.com) in Poltu Quatu an. Ganz im Südosten bei Villasimius hat die Tauchschule *Ocean Blue (Kala e Moru | Tel. 32 00 51 76 72 | oceanblue-diving.com)* Wrack- und Naturtauchen im Meerespark Capo Carbonara im Programm. Schnorchelausflüge und Tauchkurse am Capo Caccia bei Alghero (und eine nette Beachbar für den Drink danach) bietet *Overing Diving Center (Tel. 32 75 90 93 00 | archimete.it)* an.

KITE- & WINDSURFEN

Zum Wind- und Kitesurfen sind die windreichen Küsten im Norden geeignet, besonders zwischen Olbia und Castelsardo. Der Intreff für Surfer-Dudes und Fans ist *Porto Pollo* bei Palau mit seinen hippen Strandbars. Aber auch im Westen bei Stintino, Alghero und auf der Sinishalbinsel (Capo Mannu, Putzu Idu, Funtana Meiga) sind die Bedingungen geeignet. Im Süden sind Torre Chia und Capo Carbonara bei Villasimius spitze.

INSIDER-TIPP **Ungestört davonkiten**

Geheimtipp für Kiter ist der sonst wenig attraktive Strand von Punta Trettu gegenüber der Isola Sant'Antioco. Die beste Schule für das Lenkdrachensegeln im Süden ist *Kite Generation (Tel. 32 75 37 60 16 | kite generation.com)*, die Praxisstunden, Kitecamps- und Turniere, aber auch Windsurf- und SUP-Kurse organisieren.

SEGELN

Ideal zum Segeln ist die gesamte Galluraküste. Die Costa Smeralda, die Inseln des Nationalparks La Maddalena und Capo Testa ganz im Norden sind mit Sporthäfen bestens ausgestattet. Im Kommen ist im Nordwesten als Segelrevier der Golf von Asinara mit Häfen in Castelsardo, Stintino und Alghero. Windtechnisch besonders anspruchsvoll ist die Küste des Sulcis rund um Sant'Antioco und Carloforte.

KAJAK

Die Steilküste im Osten zwischen Orosei, Cala Gonone und Santa Maria Navarrese ist bei ruhiger See super für Fahrten mit dem Kajak – ideal, um vorbei an den Ausflugsdampfern in die schmalsten Fjorde, die kleinsten Buchten und in Meeresgrotten zu gelangen. Geführte Kajaktouren rund um Alghero veranstaltet *Sea Kayak Sardinia (Tel. 36 64 97 96 71 | seakayak sardinia.com)*. Entspannte Kanu- und Kajaktouren auf dem Riu Coghinas bei Valledoria unweit von Castelsardo bietet *New Kayak Sardinia (Tel. 33 81 25 84 03 | newkayaksardinia.com)* an.

RADFAHREN

Die Fahrten von der Küste hinauf in die Berge fordern mit Höhenunterschieden weit über 1000 m heraus. Fahrräder werden in den meisten Zügen und in vielen Überlandbussen mitgenommen. *Die* Adresse für MTB- und Rennradtouren im Süden ist *Dolce Vita Biketours (Tel. 07 09 20 98 85 | dolce vitabiketours.com)*. Rund um Orosei bietet *Oroseinbike (Tel. 37 01 32 50 02 | oroseinbike.it)* geführte MTB-Touren an. In Alghero haben Wanny und sein Team von *Biking Sardinia (Tel. 39 33 31 37 88 | bikingsardinia.it)* Fahrrad- und E-Bike-Verleih und geführte Touren am Capo Caccia und auf Asinara im Programm. Mit dem Projekt *Ciclovia della Sardegna* baut die Region nach und nach über 2000 km Radwege quer über die Insel aus. Mehr Infos und Karten unter *sardegna ciclabile.it*. Bist du eher Freizeitradler und möchtest morgens zum Bäcker strampeln, dann findest du in Villasimius, Cannigione, Alghero, Posada und Teilen der Costa Rei separate Fahrradwege.

REITEN

Sarden sind Pferdenarren und exzellente Reiter. So findet man inselweit zahlreiche Möglichkeiten, die Insel bei ein- oder mehrtägigen Exkursionen zu Pferd zu entdecken. Tolle Pferdetrekkingtouren in die Bergwelt von Padru hat der von zwei Deutschen geführte *Pferdehof Morgenstern (Tel. 33 86 16 73 54 | pferdehof-morgen stern.de)* im Programm. An der Costa del Sud findet man beste Reitmöglichkeiten beim (auch deutschsprachigen) *Maneggio di Giancarlo Cabras (Tel. 34 87 04 44 47 | cavalcareachia.it)*. Im Nordosten bietet das *Centro Equestre Li Tauli (Tel. 39 37 11 59 10 | sardi niahorses.com)* in Cugnana Ausritte entlang der Küste an, in Orosei *Edora Equitours (Tel. 34 25 20 42 41 | edora equitours.it)* im Sommer Strandreiten zum Sonnenuntergang, im Winter Touren in die Berge. Nördlich der Costa Rei ist das *Centro Ippico Sarrabus (Tel. 0 70 99 90 78)* eine Empfehlung.

WANDERN & TREKKING

Die Berge, die einsamen Hochplateaus und besonders im Osten im Supramonte die beeindruckenden Schluchten um Dorgali, Baunei, Urzulei und Oliena sind zum Wandern perfekt. Anspruchsvolle Wanderer sollten sich einer Trekkingkooperative anschließen. Empfehlenswert sind z. B. die von der Deutschen Lisa Dell geleiteten *Keya Tours (Tel. 34 86 53 06 82 | keya.eu)* in Orosei und die von der Berlinerin Sandra und dem Sarden Franco geleitete *Società Gorropu (Tel. 33 38 50 71 57 | gorropu.com)* in Urzulei mit Info-Point auf der Passhöhe Genna Silana. Möchtest du es auf eigene Faust versuchen? Das sardische Forstamt weist immer mehr neue Wanderwege aus. Die ausführliche Website dazu, *sardegnasentieri.it* (nur auf Italienisch), bietet GPX-Daten zum Download aufs Handy.

KLETTERN

Der wohl spektakulärste Klettersteig der Insel ist die *Via Ferrata del Cabriol (ferratacabirol.it)* hoch über den Klippen des Capo Caccia bei Alghero. Mit Eisenleitern, Stiften oder Klammern und Seilen gesichert, führt die *Ferrata di Giorrè* bei Cargeghe südöstlich von Sassari eine fast senkrecht abfallende Felswand entlang. Nur Profis trauen sich im *Canyon von Lanaitho* bei Oliena vertikal eine Felswand hoch. Für Exkursionen wende dich vertrauensvoll an Sardiniens Via-Ferrata-Spezialisten Corrado Conca *(corradoconca.it)*.

GOLF

Golf gilt auf Sardinien noch immer als elitärer Seniorensport, doch langsam werden die insgesamt 13 Plätze modern aufgemischt. Auf vier 18-Loch-Greens kann man ganzjährig spielen: *Pevero Golf Club (Tel. 07 89 97 64 00 | peverogolfclub.com)* an der Costa Smeralda ist der edelste Platz, *Is Molas (Tel. 07 09 24 10 06 | ismolas.it)* an der Südküste bei Santa Margherita di Pula ist Austragungsort internationaler Meisterschaften, das *Is Arenas Golf Resort (Tel. 33 51 25 83 22 | isarenas.it)* an der Westküste liegt mitten in einem Pinienhain. Das Green von *Tanka Golf (Tel. 34 71 72 43 73 | tankagolfvillasimius.it)* bietet einen tollen Panoramablick auf Villasimius.

Eine Wanderung im Supramonte ist ganz großes Naturkino in 3D

DIE REGIONEN IM ÜBERBLICK

FRANCE
ITALIA
Santa Teresa Gallura
La Maddalena
Hammerbuchten, Wahnsinnsinseln und eine Menge Steine
F. Liscia
Golfo dell' Asinara
Tempio Pausania
Porto Torres
Olbia
DER NORD-OSTEN S. 38
R. Mannu
Sassari
Lago d. Coghinas
Alghero
Ozieri
DER NORD-WESTEN S. 56
Nuoro
Dorgali
Golfo di Orosei
Orgosolo
DIE OST-KÜSTE S. 98
Lago Omodeo
F. Tirso
DAS LANDES-INNERE S. 110
Arbatax
Oristano
Golfo di Oristano
F. Flumendosa
Guspini
F. Mannu
Villacidro
Iglesias
CAGLIARI
Quartu S. Elena
Carbonia
Golfo di Cagliari
DER SÜDEN S. 74
Ins Meer stürzende Berge, Weltklassestrände und Marslandschaften

DER NORDOSTEN

WO NICHT NUR MILLIONÄRE URLAUBEN

Gallura und Costa Smeralda: Das einst karge Land, wo der strohfarbene Vermentino-Weißwein gedeiht und nicht nur Millionäre Ferien machen, ist bombastisch: strahlend blaues Wasser, romantische Buchten, bizarrer Granit und saftiger Kork und dazwischen die von Ziegen, Schafen und dem Wind frisierten Macchiabüsche. Kein Wunder, dass diese Ecke von Sardinien noch jeden begeistert hat: vom millionenschweren Villen- und Yachtbesitzer über die mal mehr, mal weniger prominenten Urlauber aus Film, Politik, Musik-

Ein Traum in Türkis: das Meer vor den Granitformationen von Capo Testa

und Showgeschäft bis hin zu Otto Normalverbraucher, der sich aus Budgetgründen gern in die Gegend südlich von Olbia orientiert. Hier sind nicht nur die Sandbuchten länger, sondern auch die Nächte: In San Teodoro feiern Villengäste wie Campingurlauber in edlen Schuppen oder einfachen Strandkneipen bis in die Puppen. Und wer sich nur ein paar Autominuten von der Küste wegbewegt, taucht in die echte Gallura ein: eine gepflegte Kulturlandschaft, die sich sanft dem Tourismus geöffnet hat.

DER NORDOSTEN

MARCO POLO HIGHLIGHTS

★ **TEMPIO PAUSANIA**
Ab in die Berge! Auf Nordsardiniens höchstem Punkt kannst du so richtig runterkommen ➤ S. 47

★ **MONTE LIMBARA**
In dem immer angenehm frischen Granitstädtchen herrscht eine ganz eigene Atmosphäre ➤ S. 47

★ **CAPRERA**
Buchten, Badestrände und Garibaldi: Hier kannst du Natur und Kultur zu einem einmaligen Roadtrip verbinden ➤ S. 52

★ **CAPO CODA CAVALLO**
Ausblick, Strand, Flamingos: sonst noch Wünsche? ➤ S. 43

★ **CAPO TESTA**
An der Nordspitze Sardiniens türmen sich ungeheure Granitmassen zu beeindruckenden Skulpturen ➤ S. 55

SAN TEODORO

(▥ G6) **Südlich von Olbia locken endlose Strände, die den Vergleich mit der Karibik nicht scheuen müssen.**

Jedem Strand seine *pineta:* Die lichten, Schatten spendenden Pinienwäldchen direkt am Strand sind das Markenzeichen dieser Gegend. Ihnen ist es zu verdanken, dass aus den einstigen Fischerdörfchen San Teodoro und Budoni touristische Hotspots wurden. Es gibt nur wenige große Hotels, dafür Feriendörfer, Campingplätze und Ferienwohnungen. San Teodoro (5000 Ew.) hat lange, breite Strände und gehört zu den Nightlife-Hotspots der Insel.

ESSEN & TRINKEN

LA RUNCINA

Sardisch-deutsch geführtes Restaurant in Panoramalage etwas außerhalb. Von *fritto misto* bis Spanferkel gibt es alles zu fairen Preisen. *Tgl. | Via Lu Muntigghiu | Tel. 07 84 86 55 36 | €€–€€€*

SPORT & SPASS

Am La-Cinta-Strand residiert die Wassersportschule *Kitesurf San Teodoro (Tel. 34 79 34 86 91 | kitesurfsanteodoro.it).* Wer sich über Wasser, Land und Lagunen fliegen lassen möchte, kann bei Salvatore in einen der ultraleichten Motorsegler steigen: *Aviosuperficie San Teodoro (SS 125 km 293 | Tel. 34 73 70 15 65 | santeodoroulm.it).* Wer Lust hat, auf einsamen Wegen zu wandern, folgt in Padru dem Schild *Monte Nieddu,* stellt das Auto am Ende der Straße ab und folgt zu Fuß

Ein Träumchen: eine Ferienwohnung auf der Halbinsel von Capo Coda Cavallo

den Trampelfaden. Denselben Höhenzug erreichst du, wenn du südlich von San Teodoro im Ortsteil Buddittogliu rechts in die Via Aresula einbiegst und ihr so weit wie möglich bis zum Forsthaus folgst. Wer seinen Unterboden liebt, lässt den Wagen vor der großen Steigung stehen. Dort oben fließt auch der *Rio Pitrisconi,* der zwischendurch richtige Becken bildet, in denen man sich herrlich erfrischen kann. Ganz Mutige seilen sich sogar die Wasserfälle zum Canyoning ab *(natura-viva.it).*

STRÄNDE

Die 3 km lange Sandzunge *La Cinta* bietet Strand ohne Ende. Das absolute Strandparadies aber ist die Halbinsel von ★ *Capo Coda Cavallo:* Dort lockt mit der nur zentimeterweise mehrere Hundert Meter weit ins Meer abfallenden, in der Saison zugangsbeschränkten Bucht von *Cala Brandinchi* eines der schönsten Strandparadiese überhaupt – hier wird sogar die Karibik neidisch! Wunderschön, aber oft windgeplagt ist auch die lange Bucht von *Lu Impostu;* beide sind vom selben Parkplatz aus zu erreichen. Im Lagunensee von *Salina Bamba* nisten ganzjährig Rosaflamingos. Kaum bekannt ist das wunderbare Sandband von *Isuledda* südlich von San Teodoro. Und auch das lang gestreckte Straßendorf *Budoni* noch weiter südwärts besitzt Traumstrände mit herrlichen Pinienhainen. Da in San Teodoro Parkplätze rar und teuer sind, nimm den *Beach Bus* *(santeodorobeach.com)!*

INSIDER-TIPP
Ohne Stress zum Strand

AUSGEHEN & FEIERN

Vorgeglüht wird in der Poolbar *Bal Harbour (Via Stintino | balharbour.it)* oder im Loungegarten des *Ambra Day (Via Sardegna 20 | Facebook),* danach gehts z. B. ins *Ambra Night (Via Cala d'Ambra 1 | instagram.com/ambranightofficial)* oder in den *Luna Glam Club (Ortsteil Stirritoggiu | lunaglamclub.com).* Wer lieber nur bummeln will: Der Nachtmarkt *Coclearia (Mitte Juni–Anfang Sept. tgl. ab 20 Uhr)* ist eine gekonnte Mischung aus Shoppen, Trinken, Sehen und Gesehenwerden.

OLBIA

(▯ F5) **Für die Mehrzahl der Sardinienurlauber bringt die Hafenstadt (60 000 Ew.) am Ende der fjordartigen Bucht die erste Begegnung mit der Insel.**

Sie ist heute die touristische Hauptstadt der Insel, die im Winter zum Provinznest wird. Das historische Zentrum ist klein, aber fein – perfekt, wenn du die letzten Stunden vor dem Abflug rumbringen musst, noch ein Mitbringsel kaufen oder ganz einfach mal zwischendurch eine Stadtpause vom ländlich-ruhigen Sardinien machen willst. Am besten parkst du am Hafen (Molo Brin) und spazierst von da in die Stadt, denn große Teile der Innenstadt sind nur für Einwohner freigegeben, die Schilder dazu *(ZTL –Zona Traffico Limitato)* jedoch kaum zu erkennen.

INSIDER-TIPP
Knöllchenfrei nach Olbia

ESSEN & TRINKEN

ANTICAS LICANZIAS

Schnuckliges Bistro mit selbst gemachter Pasta – und sogar Spanferkel aus dem Ofen gibt es! Die gewaltige Süßigkeitenauslage lockt Naschkatzen in die kleine Seitenstraße. *Di geschl. | Via Tempio 3 | Tel. 0 78 92 71 10 | Facebook | €€*

LA TAVERNETTA RISTORANTE

Edel essen am Meer? Dann gönn dir einen *polpo* mit Premiumaussicht auf den Traumstrand Porto Taverna und die Insel Tavolara. Hast du nur Lust auf einen kleinen Lunch mit Meerblick? Dann ist das *Tavernetta Beach* gleich daneben perfekt! *Tgl. | Bucht von Porto Taverna, Zufahrt Süd | Tel. 0 78 91 77 68 73 | tavernettaristorante.com | €€€*

STRÄNDE

Zum Strand von *Pittulongu* an der Küstenstraße nach Golfo Aranci fährt ein Stadtbus. Dort gibt es Lidobetrieb, Restaurants, Bars und Verleih von Sportgerät. Noch ein bisschen weiter geht rechts eine Schotterpiste runter zur Bucht *Cala Sassari* mit super Blick auf die Insel Tavolara und der angesagten Strandbar *Fino Beach (finoexperience.it)*. Schöne und beliebte Badebuchten südlich von Olbia sind *Porto Istana* und *Porto della Taverna*. Ziemlich einsam wird es am *Capo Ceraso*. Von der Schotterpiste gehen Stichstraßen zu kleinen Buchten ab. Romantiker, aufgepasst: Ganz am Ende vom Kap führt ein kleiner, ausgeschilderter Pfad („Stazione di Vedetta/Ceraso") zu einem Aussichtspunkt. Die 20 Minuten Panoramakraxelei lohnen sich vor allem zum Sonnenuntergang!

INSIDER-TIPP
Nonplusultra-Panorama

RUND UM OLBIA

1 TAVOLARA

15 Min. mit dem Schiff vom 15 km südöstlich von Olbia gelegenen Porto San Paolo

Die 5 km lange Kalkinsel steigt wie ein Drachenrücken fast senkrecht 565 m hoch aus dem Meer. Ausflugsboote verkehren bei ruhiger See von Porto San Paolo *(tavolaratraghetti.it)*. Es gibt traumhafte Strände und zwei Restaurants, aber der größte Teil der Insel ist Militärgebiet. Für gute Kletterer mit Ausrüstung lohnt sich die Überfahrt besonders, für schwindelfreie Wanderer ist nach einer halben Stunde Kraxelei Schluss – die Aussicht ist aber auch auf halber Höhe der Wahnsinn. Vom Anlegesteg aus nach rechts die Küste entlangwandern und nach zwei alten Kalköfen auf Höhe einer großen Steineiche auf schwer auffindbaren Pfaden bergauf. *G5*

2 GOLFO ARANCI

35 Min. nordöstlich von Olbia mit dem Regionalzug

Sehen und gesehen werden in Porto Cervo? Längst out! Wer heutzutage ein wenig Glamour, Edelshopping

565 m steigt Tavolara aus dem Meer empor – hoch kommen aber nur erfahrene Kletterer

und Luxus sehen und erleben will, macht sich auf in den kleinen Hafenort. Wurden hier vor ein paar Jahren noch die Eisenbahnfähren zum Festland beladen, flaniert man jetzt an der neu gestalteten Hafenpromenade entlang, bestaunt Schmuck, Mode und Edelmarken *(golfoaranciinthebox)*.

In der kleinen *S'Incantu Wine Bar (tgl. | Via dei Caduti 38 | sincantuwine bar.business.site | €)* gibts zum Gläschen Vermentino einen sardischen Snackteller dazu. Und gleich an der nächsten Ecke bekommst du klasse Fisch, Meeresfrüchte oder Pizza auf der Veranda bei *La Capricciosa (tgl. | Via Cagliari 5 | Tel. 34 20 40 08 77 | €–€€)*.

Das sich östlich anschließende *Capo Figari* ist ein Naturschutzgebiet. Man fährt parallel zu den Schienen bis zu einem kleinen Parkplatz direkt am Meer. Wer Glück hat, sieht hier sogar ein paar Delphine, die genau wissen, wann die Fische in der Zucht zu Abend essen. Von hier sinds 15 Fußminuten zur idyllischen Bucht *Cala Moresca*. Dahinter schlängelt sich ein steiler Weg hoch aufs Kap zum *Semaforo* (Leuchtfeuer). Was da über die Kalkfelsen und durch die kahlen Büsche stolziert, sind ausgewilderte Mufflons! *G5*

INSIDER-TIPP
Dolphin-Watching für umsonst

3 PORTO ROTONDO

17 km nördlich von Olbia/25 Min. über Rudalza

Auf der Halbinsel Punta Volpe liegt die Antwort des italienischen Geldadels auf Porto Cervo: Porto Rotondo lockt ein zahlungskräftiges Publikum mit schönen Hotels und Ferienvillen, einem Yachthafen und feinen Shoppinggelegenheiten. Für den Besuch der modernen *San-Lorenzo-Kirche* braucht man kein Kirchenfan zu sein: Das außergewöhnliche Holzdach, das wie ein umgedrehter Schiffsbug wirkt, und die Details aus Muranoglas muss man einfach gesehen haben.

Die bekanntesten Strände von Porto Rotondo tragen die Namen zweier Stars: *Spiaggia Ira* (nach Ira von Fürstenberg) und *Spiaggia Shirley Bassey* auf der Halbinsel Punta Lada. Nur wenige Parkplätze gibt es am Strand von *Punta Volpe* – aber von Juni bis September nutzen Porto-Rotondo-Urlauber ohnehin den kostenlosen Shuttlebus *Navetta Mare Mare,* der vom Zentrum aus alle frei zugänglichen Buchten ansteuert. Nicht frei zugänglich ist übrigens die Riesenvilla (68 Zimmer, 174 Parkplätze) von Dauergast Silvio Berlusconi. *F5*

4 OLIVASTRI MILLENARI

40 km westlich von Olbia/45 Min. über die SS 127 und SP 38, dem Abzweig „Diga Liscia" folgen

Landpartie in die Berge: Am Nordufer des Lago di Liscia versteckt sich mit den 1000-jährigen Olivenbäumen ein wahres Naturwunder. Nahe dem Landkirchlein San Bartolomeo wurzeln unmittelbar nebeneinander drei gigantische wilde Olivenbäume, allesamt kerngesund und üppig grün. Der jüngste ist weit über 1000 Jahre alt, der mittlere bringt es auf 2500 und der Ehrfurcht gebietende Methusalem namens S'Ozzastru gar auf unglaubliche 4000 bis

Wer auf sich hält, reist mit der eigenen Yacht an: Porto Rotondo

4500 Jahre: mit einem Stammumfang von 12 m und seiner ausladenden Krone wahrlich ein Tempel der Natur. *Mo–Fr 10–19 Uhr* | *E–F5*

5 TEMPIO PAUSANIA, AGGIUS & MONTE LIMBARA

45 km bis Tempio westlich von Olbia/ 1 Std. über die SS 127

Rund 35 km westlich auf den Bergen um *Tempio Pausania* erstrecken sich lockere Korkeichenwälder. ★ Tempio (14 000 Ew.) hat dank seiner Lage auf gut 550 m Höhe auch im Sommer ein frisches Klima, was die Sarden ebenso zu schätzen wissen wie die kalten, leicht mineralischen Quellen *Fonti di Rinaggiu* im oberen Ortsteil. Die Altstadt aus hellgrauem Granit ist ein Gesamtkunstwerk und wirkt kühl und schaurig-schön. Beim Schaufensterbummel nicht verpassen: das Atelier von *Anna Grindi (Via Roma 36)* – ihre Kleider aus Kork sind einzigartig.

In der etwas versteckt gelegenen *Trattoria La Gallurese (tgl. | Via Novara 2 | Tel. 07 96 39 30 12 | €)* schwingt Mamma Rosa seit 1976 den Kochlöffel und zaubert damit neben der Brotlasagne *zuppa gallurese* auch Lamm in Weißwein, Schnecken und süßsaures Ferkel. Zur Spitze des 1359 m hohen Granitmassivs ★ *Monte Limbara* führt eine Straße. An klaren Tagen siehst du von hier den ganzen Norden Sardiniens und bis weit nach Korsika hinüber.

INSIDER-TIPP **Lauschangriff**

Auch die US-Airforce fand diesen Ausblick toll und betrieb hier bis 2008 mit riesigen Parabolantennen eine Funkabhörstation. Ein tolles Fotomotiv!

Tempios Nachbardorf *Aggius* ist für seine außergewöhnlich schöne Lage unter einer Krone aus Felszinnen und für seine traditionelle Webkunst bekannt. Im spannenden *Museo del Banditismo (Via Pretura | April–Mitte Okt. tgl. 10–13 und 15.30–19 Uhr | museodiaggius.it)* wird u.a. die Geschichte des legendären Banditen Bastiano Tansu, genannt *Il Muto di Gallura*, erzählt. Exzellente Landküche und eigenen Wein gibt es im *Agriturismo Il Muto di Gallura (April–Mitte Nov. tgl. | Ortsteil Fraiga | Tel. 0 79 62 05 59 | mutodigallura.com | €€)*. Danach ist ein Verdauungsspaziergang Pflicht: Hinter dem Hof führt ein Pfad an den Ställen vorbei durch einen Steineichenwald. Folg den Schildern „Laghetto" bis zum kleinen Park von Santa Degna mit einem kleinen See. Nach dieser Anstrengung hast du dir den Platz für den Nachtisch erarbeitet. *E5*

COSTA SMERALDA

(F4–5) **Das Gestein rosa, rostrot und der Sand kieselfein, dazwischen Fabelwesen und Tiere aus Stein: Hier hat Mutter Natur rund um die Costa Smeralda und Baia Sardinia eine großartige Naturlandschaft geschaffen, in der durch Können und Selbstbeschränkung der Architekten – sprich: strenge Bauauflagen – der Bau von Hotels, Villen und Sporthäfen ohne Zerstörung und Entstellung der Küste gelang.**

Erst 1960 hatte der Aga Khan, milliardenschwerer Märchenprinz aus dem Morgenland, diese weitgehend unbesiedelte Küste entdeckt und ein Rückzugsparadies für den damaligen Jetset geschaffen. Dass hier mit reichlich Gartenbaukunst und jeder Menge Bewässerung die Natur optimiert wurde, fällt dabei kaum auf. Die Architekten nahmen sich die Fischerdörfer und Bauernhäuser des Mittelmeerraums zum Vorbild und schufen den neosardischen Stil. Hotels wie Cala di Volpe, Pitrizza und Romazzino sind auch nach 50 Jahren noch ein Beweis für die Weitsichtigkeit der damaligen Entwürfe.

SIGHTSEEING

PORTO CERVO

Als Zentrum der Costa Smeralda entstand völlig neu Porto Cervo, als Segelhafen und Treffpunkt des Geldadels konzipiert. Die Kirche *Stella Maris* im typischen Costa-Smeralda-Stil beherbergt sogar einen echten El Greco. Die Piazzetta ist umgeben von exklusiven Bars, Läden und Boutiquen, im Shoppingparadies *Promenade du Port* gibt es alles, was die Welt nicht braucht vom Personal Shopper bis zur Haustiermode mit Swarovskisteinchen. Höhepunkt jedes Spaziergangs: die Luxusyachtparade am Anleger Porto Vecchio und am Yachthafen des exklusiven Yacht Club Costa Smeralda.

ESSEN & TRINKEN

FRADES

Abgehoben in zweierlei Hinsicht: köstliches Edel-Essen und herrliches Panorama auf den Golf von Cala di Volpe, wo die Megayachten um die Wette schaukeln. Auch eine tolle *Aperitivo*-Location! An der Straße von Cala di Volpe nach Abbiadori sind allerdings Parkplätze rar. *Tgl. | an der SP 94 | Tel. 34 66 36 62 38 | frades.eu | €€€*

IL VECCHIO MULINO

364 Tage im Jahr geöffnet, gehst du hier in der Nähe von Arzachena auf Nummer sicher, was Essen und Preis angeht. *Tgl. | Ortsteil Moro | SS 125 km 339 | Tel. 34 81 01 81 13 | €€*

SHOPPEN

Jeden Donnerstagvormittag von Mai bis Oktober ist in dem sympathischen Granitdörfchen San Pantaleo *Künstlermarkt.* Edel geht es ebenfalls von Mai bis Oktober jeden Freitagvormittag im Ortsteil Sopravento zu: Auf dem *Mercato di Porto Cervo* gibt es feine Stoffe und Künstlerkeramik. *Wochenmärkte* gibt es mittwochs in Arzachena und montags in Cannigione (Fisch!).

SPORT & SPASS

DOLPHIN WATCHING

INSIDER-TIPP Walversprechen

Siebenstündige, unvergessliche Bootsexkursionen zu den Walen im Unterwasser-*Canyon di Caprera* starten in der Saison täglich; sie kosten pro Person 140 Euro inklusive Mittagessen an Bord und Schnorchelausrüstung. Hat man Pech und es gibt keine Wale zu sehen, gibts 20 Prozent Rabatt. *Orso Diving | Poltu Quatu | Tel. 34 80 64 18 25 | orsodiving.com*

In der typischen Architektur der Costa Smeralda präsentiert sich ihr Hauptort Porto Cervo

AQUADREAM

Das Kinderparadies bei Baia Sardinia lockt mit diversen Rutschen und einer „Kamikaze"-Spirale, auf der dein Nachwuchs bis auf 90 km/h beschleunigt. Gut, dass du dich auf dem „Relax River" bei einer Schlauchbootfahrt von der Aufregung erholen kannst. *Mitte Juni–Aug. tgl. 10.30–18 Uhr | aquadream.it*

STRÄNDE

Am Strand *Grande Pevero* erlebst du Costa-Smeralda-Feeling pur und kannst vom Strandhandtuch aus Megayachten gucken. *Capriccioli* ist eine Granitfelszunge mit mehreren kleinen, so schönen wie bekannten Buchten, dazwischen eine Unzahl an Ministändchen, Ginsterbüschen und Granitfelsen. In einer Villensiedlung versteckt liegt der Zugang zur sanft geschwungenen Sandbucht *La Celvia*. Der romantische, lang gezogene Lieblingsstrand des Aga Khan, die *Spiaggia del Principe* zwischen Felsklippen nahe Romazzino, und die *Spiaggia Cala Granu* in einer Traumbucht am Capo Ferro nördlich von Porto Cervo erreichst du über einen jeweils ca. 500 m langen Fußweg.

Auf der Straße zum Hotel Cala di Volpe gehts rechts an der Ausschilderung *Liscia Ruja* auf einer staubigen Schlaglochpiste zum längsten Strand der Costa Smeralda mit mehreren Einstiegsmöglichkeiten. Immer die Küste entlang, jenseits des langen Sandstrands, den man werbewirksam auch Long Beach nennt, führt ein Trampelpfad zu kleineren Buchten, in denen du selbst zur Saison fast allein bist.

INSIDER-TIPP
Costa einsam

AUSGEHEN & FEIERN

Flavio Briatore lässt grüßen: In seiner Edeldisco *Billionaire (billionairesociety.com)* in Porto Cervo kostet der Eintritt fast so viel, wie der Name vermuten lässt. Edle Mode, schicke Schlitten, Jumboyachten und kostspielige Cocktails gibt es im *Waterfront (waterfront-costasmeralda.com)*. Am besten mit dem Bootsshuttle kommst du zu den angesagten Sunset-Partys der sardischen Filiale von *Nikki Beach (costa-smeralda.nikkibeach.com)* am Strand von Petra Ruja. Im Trend ist auch Baia Sardinia: Im *Phi Beach (phibeach.com)* mit Outdoorclub und Restaurant hängst du am besten zum Sundowner ab. Ein origineller Dauerbrenner ist die in und auf Granitfelsen gebaute Fake-„Burgruine" *Ritual (ritual.it)*, deren Tanzpisten schon alle Jahrgänge von Costa-Smeralda-Gästen gesehen haben.

RUND UM DIE COSTA SMERALDA

6 ARZACHENA

17 km südwestlich von Porto Cervo/ 20 Min. über die SP 59 und SS 125

Die ganze Costa Smeralda (13 000 Ew.) liegt im Gemeindegebiet dieses einst unbedeutenden Hirtendorfs. Das alte Ortszentrum auf dem Hügel mit der großen Piazza, wo sich abends die Einheimischen treffen, unterscheidet sich kaum von Orten mit weniger berühmter Umgebung. Es gibt nette Trattorien und man ist nicht nur unter Touristen. Vom Zentrum führt ein Seitensträßchen zum *Fungo*, einem von Wind und Regen zu einem riesigen Streinpilz modellierten Granitblock mit tollem Rundblick.

INSIDER-TIPP Pilz mit Ausblick

Eine Viertelstunde Fußweg entfernt und deswegen kaum besucht ist das top erhaltene Tempelchen *Malchittu*. Einfach neben dem Ufficio Turistico am Ortseingang parken und einen unscheinbaren Feldweg den Berg hochspazieren. Die wuchtige Nuraghe *Albucciu* liegt gleich gegenüber vom Besucherzentrum. Auf dem urigen kleinen Weingut *Lu Beddu (an der Straße Richtung Micalosu nach ca. 1 km links | lubeddu.it)* mit fast kitschigem Panorama musst du ein Glas weißen, spritzigen Vermentino zu einem Stück Pecorino probieren. Max und Federico geben auch gern Infos zum Weinbau. 🕮 F5

7 LA PRISGIONA & CODDU 'ECCHJU

20 km südwestlich von Porto Cervo/ 25 Min. über die SP 59 und SP 14

Die beeindruckendste Nuraghe der Gegend ist *La Prisgiona;* mit ihrem über 7 m hohen Hauptturm dominiert sie die Hügel der Umgebung. Ca. 7 km von Arzachena Richtung Sant'Antonio di Gallura biegt eine Seitenstraße (Schild „Siti Archeologici") ab, die Nuraghe liegt direkt an dieser Straße. Ganz in der Nähe befindet sich inmitten von Weinbergen das Riesengrab *Coddu 'elmcchju*. 🕮 F5

8 LUOGOSANTO

35 km südwestlich von Porto Cervo/ 35 Min. über die SP 59 und SP 14

Sagenhafte 23 Pilgerkirchlein liegen rund um das kleine Bergdorf namens „Heiliger Ort". Gut ausgeschildert ist der steile, aber sehr schöne Pfad hinauf zum *Castello di Balaiana.* Nach etwa 15 Minuten erreichst du die kleine mittelalterliche Burgruine. Wenige Schritte weiter liegt die kleine, pittoreske Landkapelle *San Leonardo.* *E5*

PALAU & LA MADDALENA

(F4) **Die Inseln des La-Maddalena-Archipels sind die Spitzen einer längst versunkenen Landbrücke zwischen Sardinien und Korsika.**

Die sieben Hauptinseln und unzählige Miniinseln bilden zusammen mit den umliegenden Meeresflächen den Parco Nazionale dell'Arcipelago di La Maddalena *(lamaddalenapark.it).* Die einzige Stadt, *La Maddalena* (14 000 Ew.) auf der gleichnamigen Insel, wirkt luftig und malerisch. Mit Dünen, Felsen und toller Unterwasserwelt für Schnorchelfans wartet *Baia Trinità* auf, die schönste Bucht auf La Maddalena. Das 15 Schiffsminuten entfernt auf dem Festland gelegene *Palau* (4100 Ew.) ist ein aktiver Fischerhafen mit Bars, Restaurants und Fischerkneipen. Die großartigen Granitformationen am Capo d'Orso, die artenreiche, hohe Macchia und einige badefreundliche Buchten haben hier einen Wildwuchs an Ferienhäusern entstehen lassen. Anders in *Porto Rafael:* Hier ducken sich Luxusvillen zwischen den Granitfelsen. Von hier hat man auch den besten Aus-

Ein Plankenweg führt Badelustige hinab zur Baia Trinita auf La Maddalena

blick auf den Archipel: Kurz vor dem Ende der asphaltierten Hauptstraße durch Porto Rafael liegt links eine verlassene Hütte; gleich dahinter führt eine steile Treppe ein paar Meter hoch auf den höchsten Punkt der Halbinsel. Hier liegen dir die Inseln La Maddalena und Spargi zu Füßen. Was für ein Ausblick!

INSIDER-TIPP Insel-panorama

ESSEN & TRINKEN

IL MAESTRALE

Extra für deutsche Frühesser gibts hier schon ab 19 Uhr super Pizza, Filet auf heißem Stein und auch vegetarische Gerichte. Ob drinnen oder im Garten – die Aussicht aufs Meer bis hinüber nach Korsika ist grandios. *Tgl. | Palau | Ortsteil Porto Pollo | Tel. 07 89 70 50 33 | Facebook | €*

LA GRITTA

Der Blick von der Terrasse ist atemraubend. Muscheln, Fisch und Krustentiere entfalten bei Simona und Roberto ihr volles Aroma, die Desserts sind verführerisch. *Außer Mitte Juni–Mitte Sept. So geschl. | Porto Faro nördl. von Palau | Tel. 07 89 70 80 45 | ristorantelagritta.it | €€€*

SHOPPEN

VELERIA IL PONENTE

In der Via Garibaldi 11 im Zentrum von La Maddalena gibts Jacken, Röcke und Taschen aus ausrangierten Segeln – alles Unikate! *veleriailponente.it*

INSIDER-TIPP Segeltuch zum Tragen

SPORT & SPASS

INSELAUSFLÜGE

Fahrten zu den kleinen Inseln des La-Maddalena-Archipels werden von Palau und einigen weiteren Häfen täglich angeboten, mit und ohne Essen an Bord, aber immer mit Badeaufenthalt. *Spargi* mit ein paar Steinhütten und einem Sarazenenturm ist die größte, *Santa Maria* hat eine schöne Sandbucht, *Razzoli* ist schroff. Den rosaroten Sand von *Budelli* darf man nur aus der Ferne fotografieren.

RUND UM PALAU

9 CAPO D'ORSO

6 km östlich von Palau/10 Min. über die Via Capo d'Orso

Schon die Panoramastraße oberhalb Palaus lohnt sich. Am Ende der Straße ist dann links der Eingang zum „Bären" *(orso),* einem riesigen Felsen in Bärenform, zu dem ein 500 m langer Pfad mit Stufen hinaufführt. Oben kannst du dem Bären durch die Beine auf Palau und das Archipel gucken. Die Bärenform erkennt man jedoch nur von der Fähre aus. *Mitte April–Anf. Nov. tgl. 9–18, Juli/Aug. bis 20.30 Uhr | F4*

10 CAPRERA ★

15 Min. Fähre Palau–La Maddalena, dann mit Rad oder Auto 4 km nach Osten zum Brückendamm nach Caprera

La Maddalena ist eher karg und steinig. Ganz anders die bewaldete Nach-

Sein „Pelz" ist aus Granit: Bärenfels am Capo d'Orso bei Palau

barinsel: Im Süden locken türkisblaue Sand- und Kiesbuchten. Gleich ein paar Hundert Meter rechts nach dem Damm steht ein großes Schild mit allen Infos zum Wegenetz der Insel. Eine Besonderheit ist die *Spiaggia del Relitto:* Hier ragen die verkohlten und von den Winterstürmen langsam abgetragenen Reste eines alten Kohleschiffs wie ein Sauriergerippe aus dem türkisblauen Wasser. Ein paar verstecktere Traumbuchten wie *Cala Serena* und *Cala Napoletana* erreicht man über ausgeschilderte Wanderwege. Die absolute Hammerbucht ist *Cala Coticcio* – allerdings ist der kleine Fjord, der aufgrund seiner Schönheit auch Piccolo Tahiti genannt wird, nur mit Guide zu erkunden (*Auskunft unter Tel. 37 60 12 94 08).*

Der italienische Nationalheld, Haudegen und Womanizer Giuseppe Garibaldi ließ sich 1855 auf Caprera nieder und startete von hier mit seinen 1000 Rothemden zur Eroberung Siziliens und Süditaliens. Nach seinem Tod 1882 wurde er im Garten in einem riesigen Granitsarg bestattet. Das Haus ist heute als *Compendio Garibaldino (Di–So 8.30–19.30 Uhr | garibaldicaprera.beniculturali.it)* Museum und nationale Gedenkstätte. *F4*

11 PORTO POLLO

7 km westlich von Palau/10 Min. über die SS 133

Schon Surferlegende Robby Naish hatte für sich die Buchten von Porto Pollo als perfekten Windspot entdeckt. Heute wird der Ort als einer der beliebtesten Kite- und Surfspots im gesamten Mittelmeerraum geschätzt. Aber auch der Strand ist nicht ohne und die Surferpartys sind legendär. *F4*

SANTA TERESA GALLURA

(E4) **Nur 12 km Meer, die Bocche di Bonifacio, trennen Korsika und Sardinien.**

Fähren von Santa Teresa pendeln mehrmals am Tag nach Bonifacio, dessen weiße Kreidefelsen bei klarem Wetter vor den hohen, bewaldeten Bergen Südkorsikas leuchten. Für einen Tagesausflug auf die französische Insel benötigt man kein Auto, die Festungsstadt ist vom Hafen gut zu Fuß zu erreichen.

Santa Teresa (5300 Ew.) ist Fischereihafen, aber vor allem ein beliebter Ferienort mit Bars, Restaurants und im Juli und August mächtig Remmidemmi. Kein Wunder: Direkt am Ort liegt die Traumbucht Rena Bianca und die Bademöglichkeiten in der Umgebung wie am Capo Testa und bei Santa Reparata sind noch großartiger.

ESSEN & TRINKEN

DA THOMAS

Das Lieblingsrestaurant der Einheimischen liegt zentral in einer Seitenstraße Richtung Capo Testa. Immer frischer Fisch, total lecker sind aber auch die Ravioli mit süßer (!) Ricottafüllung. *Tgl. | Via Valle d'Aosta 22 | Tel. 34 96 92 96 13 | ristorantedathomas.com | €€–€€€*

S'ANDIRA

Am Strand von Santa Reparata mit Superblick aufs Meer und Capo Testa, dazu Meeresfrüchte, Fisch und Canapés zum Sundowner. *Mai–Okt. tgl. | Via Orsa Minore 1 | Tel. 34 74 01 82 87 | sandira.it | €€–€€€*

STRÄNDE

Die 300 m lange Sandbucht *Rena Bianca* ist der Hausstrand direkt unterhalb der Stadt. An der *Spiaggia Valle d'Erica,* einer langen Sandbucht mit kleinen Kiesbuchten zwischen mächtigen Granitfelsen, badest du mit Blick auf La Maddalena. Der traumhaft schöne, lange Sandstrand *Rena Maiore* mit Dünen und Schatten spendenden Pinien liegt 8 km außerhalb nahe der SP 90 nach Vignola Mare.

RUND UM SANTA TERESA

12 CAPO TESTA ★

30 Min. westlich von Santa Teresa auf dem Wanderweg „Sentiero Natura"

Ein einmaliges Erlebnis sind die von der Erosion zu bizarren Gebilden geschliffenen Granitmassen der nahen Halbinsel Capo Testa. Dort gibt es Steinformationen, die jegliche Phantasie übersteigen – besonders spektakulär im „Mondtal" *Valle della Luna* –, dazwischen ein paar versteckte Buchten und an mindestens 200 Tagen im Jahr Wind. *E4*

13 COSTA PARADISO

40 km südwestlich von Santa Teresa/ 40 Min. über die SP 90

Südlich von Santa Teresa verstecken sich zwischen phantastischen roten Klippen und Felsen wunderschöne Strände und Badebuchten, oft nur über Stichstraßen zu erreichen. Großartig ist die *Cala Sarraina (SP 90 bei km 36)* mit ihren Strandseparees, ein Traum in Rot, Gelb, Blau und Grün die *Cala Rossa (SP 90 beim Ristorante Il Geranio)* mit ihrem Kieselstrand, ein Postkartenidyll die nur zu Fuß zu erreichende *Spiaggia Li Cossi* bei der Feriensiedlung Costa Paradiso. Signor Stefano bringt dich von hier mit seinem Schlauchboottaxi auch an die wunderschöne Kieselbucht von Tinnari. *D–E 4–5*

INSIDER-TIPP
Mini-Küstentour zum Spottpreis

Die Erosion hat die Granitfelsen bei Capo Testa zu bizarren Formen modelliert

DER NORDWESTEN

KLEINSTADTIDYLLE UND TRAUMKÜSTEN IM WIND

Der Wind weht hier im Winter so stark, dass sich die Bäume biegen: Wie bucklige Besen ducken sich die knorrigen Bäumchen an das weite Land im Nordwesten. Der *maestrale,* so nennen ihn die Seeleute, hat von Südfrankreich 350 km freie Fahrt, um Kraft zu tanken, bevor er hier auf Land stößt, wo er lange Strände geschaffen und windzerzauste Hocheben flach geschliffen hat. Der Großteil der Küste ist menschenleer und vom Land her kaum zugänglich. Porto Torres, heute durch petrochemische Industrieanla-

Eine von Hunderten: Strandbucht Spiaggia Lazzaretto bei Alghero

gen entstellt, ist seit der Römerzeit ein wichtiger Hafenort. Von hier aus ist Spanien kaum weiter als das Festland Italiens. Das spiegelt sich besonders in der Architektur und Kultur der stark katalanisch geprägten Stadt Alghero wider.

Landeinwärts dehnen sich die kargen Ebenen der Nurra und die menschenleeren Hochebenen der Planargia. Von der Fruchtbarkeit und dem einstigen Reichtum ihrer Bewohner zeugen im Logudoro zahlreiche Nuraghen und prachtvolle pisanische Landkirchen.

DER NORDWESTEN

MARCO POLO HIGHLIGHTS

★ **ALTSTADT VON ALGHERO**
Hummer, Scampi, Muscheln: Die *Frutti-di-Mare*-Hochburg ist von ihrer katalanischen Vergangenheit geprägt ➤ S. 67

★ **ASINARA**
Schon mal weiße Esel auf einer Gefängnisinsel gesehen? ➤ S. 71

★ **ALTSTADT VON BOSA**
Gassen mit Kieselpflaster – ein Kleinstadtidyll am Fluss ➤ S. 71

★ **VALLE DEI NURAGHI**
Das Tal der Bronzezeit-Trutzburgen ➤ S. 65

★ **CASTELSARDO**
Mittelalterlicher Burgberg hoch über den Fluten ➤ S. 60

Golfo dell' Asinara
Costa Paradiso
Isola Rossa
Paduledda
Badesi
Baia delle Mimose
Codaruina/ Valledoria
Vidda Eccia/ Viddalba
Castelsardo
S. 60
Lu Bagnu
Cuzina/Santa Maria Coghinas
Zelgu/Tergu
Séddini/Sedini
Bultzi/Bulzi
1 Anglona
Pèifugas/ Perfugas
3 Porto Torres
200
Laerru
Sòssu/Sorso
30 km, 40 Min.
Ottava
Nujvi/Nulvi
Maltis/ Martis
Erula
R. Mannu
131
Tzaramonte/Chiaramonti
Òsile/Osilo
Bancali
Sassari
S. 62
291
Tissi
Ossi
Muros
Usini/Usini
90 km, 1 Std.
ITALIA
Piaghe/ Ploaghe
Uri
Fiolinas/Florinas
729
Àldara/Ardara
131
Chilivani
35 km, 30 Min.
Ìtiri Cannedu/Ittiri
Othieri/Ozieri
Siligo/Siligo
Potuvigari/ Putifigari
Bessude
Mores
Itireddu/Ittireddu
120 km, 2 Std.
Bunnànnaru/ Bonnanaro
Thiesi
Turalva/Torralba
Biddanoa Monteleone/ Villanova Monteleone
Valle dei Nuraghi
Rumana/Romana
Monteleone/ Monteleone Rocca Doria
2 Logudoro
Cossoine
Bonolva/Bonorva
Mara
Pàdria/ Padria
Putumajore/ Pozzomaggiore
Su Burgu/Burgos
Montresta
Illorai
131
Bolòtana/Bolotana
Altstadt von Bosa
Bortigali/ Bortigale
Bosa Marina
Bosa
S. 71
Sindìa/Sindia
Silanos/Silanus
Sune/Suni
Tinnura
Macomer 9
Bìroro/Birori

Ob tagsüber oder stimmungsvoll beleuchtet: Castelsardo macht schon von Weitem was her

CASTELSARDO

(▥ D5) **Im 13. Jh. ist das ★ Küstenstädtchen (5800 Ew.) als Castel Genovese – also „Burg der Genuesen" – entstanden, dann war es Castel Aragonese – also die Burg der spanischen Eroberer –, bis es endlich die „Burg der Sarden" geworden ist.** Die Namen haben sich geändert, aber der Anblick der Festung, die auf ihrem vom Wasser umspülten Hügel Wind und Wetter trotzt, ist immer noch der wie vor Jahrhunderten. Enge Gassen und Treppenwege machen die Altstadt zu einem Fußgängerreservat, wo die Alten gern vor der Haustür sitzen und die Frauen Schalen und Körbe flechten.

SIGHTSEEING

KATHEDRALE

Die romantische Szenerie von Castelsardo findet ihren Höhepunkt auf der Panoramaterrasse der Kathedrale. Der *Kirchturm* mit seiner hübschen Kuppel mit mit bunten Majolikakacheln steht nicht ohne Grund einige Meter von der Kirche entfernt: Er war ursprünglich der Wach- und Leuchtturm der alten Verteidigungsanlagen.

ESSEN & TRINKEN

CORMORANO

Fisch und Meeresfrüchte – das Angebot richtet sich nach dem Tagesfang. *Vor- und Nachsaison Mo, Winter Mo–Fr geschl. | Via Colombo 5 | Tel. 0 79 47 06 28 | ristoranteilcormorano.net | €€–€€€*

STRÄNDE

Die schönste Bademöglichkeit in der Ortsnähe ist das Strandbad von *Lu Bagnu*. Die endlosen Strände von *Valledoria* und *Badesi* sind toll zum Baden und Kiten und ideal für unendliche Strandspaziergänge. Besonders schön ist hier die *Baia delle Mimose*: ein großer, einsamer Strand mit schöner Strandvegetation. *Marina di Sorso* und *Platamona*, flache Feinsandstrände mit Pineta, sind ideal für Kinder.

INSIDER-TIPP
Hohe Dünen, bunte Blumen

RUND UM CASTELSARDO

1 ANGLONA

17 km bis Sedini südöstlich von Castelsardo/25 Min. über die SS 134

Hinter der Küste beginnt das undramatische Bergland der Anglona, kahl, mit weiten Ebenen, kleinen Dörfern, einigen schönen Landkirchen – eine Fahrt durch das touristische Abseits Sardiniens. Gleich zu Beginn der Straße, die landeinwärts nach Sedini führt, steht der berühmte *Elefant von Castelsardo*, ein verwitterter Trachytfelsen mit markantem steinernem Rüssel. Im Bauch birgt das Tier eine prähistorische Grabstätte, ein *domus de janas*. Im Dorf *Sedini* wurden Gefängnisse und Wohnhäuser direkt in die ausgehöhlten Tuffsteinfelsen gebaut.

Etwas weiter geht hinter Bulzi eine Stichstraße nach Osten ab zur Pisanerkirche *San Pietro di Simbranos*, ein Zebra aus weißen und schwarzen Intarsien mitten im Nichts. In *Martis* gibt es im *Parco Paleobotanico* Überreste eines versteinerten Walds und die spektakulären Überreste der Dorfkirche San Pantaleo zu sehen.

Auf der Rückfahrt zur Küste solltest du am Stausee *Lago di Castel Doria* vorbeifahren. Die Straße führt unterhalb des alten Genueserturms entlang, der

Im Cormorano: *spaghetti agli scampi*

wuchtig über dem Flusstal thront und eine bombastische Aussicht über die weite Ebene von Valledoria bietet. Im Tal bei Santa Maria Coghinas angekommen, darf ein Abstecher zu den *Terme di Casteldoria* nicht fehlen. Unterhalb des unspektakulären Heilbadgebäudes sprudelt jahrein, jahraus Heilwasser aus dem kieseligen Untergrund.

INSIDER-TIPP
Do-it-yourself-Fangopackungen

Ein paar Meter hinter dem Heilbad kannst du dir deine eigenen Fangopackungen verpassen – der gesunde Schlamm, der gut gegen Rheuma und Entzündungen sein soll, blubbert hier einfach so aus dem Untergrund. *D5-6*

Verschnörkelter Barock im spanischen Stil: die Fassade von Sassaris Dom San Nicola

SASSARI

(C6) **Der erste Eindruck von Sardiniens zweitgrößter Stadt ist der einer lebendigen, etwas vernachlässigten Studentenstadt. Hier und da ist der Reichtum verflossener Zeiten zu erahnen.**

Sassari (128 000 Ew.) war immer eine lebhafte Handelsmetropole, genoss Freiheiten und Vorrechte, selbst in Zeiten schlimmster Feudalherrschaft wie unter den spanischen Vizekönigen. Die vollkommen intakte Altstadt, die sich in den letzten Jahrzehnten zum Teil merklich entvölkert hatte, belebt sich wieder. Sie ist wohnlich mit ihren engen, großteils autofreien Gassen und den hellen, oft fast dörflichen Häusern und kleinen Plätzen. In der Nähe des Bahnhofs beginnt der Corso Vittorio Emanuele II, die Haupteinkaufs- und Flanierstraße, die an der Piazza d'Italia endet, wo im 19. Jh. der Staat mit riesigen Verwaltungsbauten Präsenz zeigte.

SIGHTSEEING

DOM SAN NICOLA

Ab dem 14. Jh. in katalanischer Gotik erbaut, die im Inneren noch erhalten ist. Die Fassade wurde im 17. und 18. Jh. im schnörkeligen spanischen Kolonialbarock umgestaltet. *30 Min.*

SANTA MARIA DI BETLEM

Einst vor der Stadt gelegen, fällt die Kirche durch die Kuppel und den ungewöhnlich schlanken Rundturm auf. Die romanische Fassade ist noch gut erhalten. Innen stehen die neun bun-

ten, mit Flitter geschmückten Riesenkerzen aus Holz, die am am Vorabend von Mariä Himmelfahrt bei der *Candelieri*-Prozession feierlich durch die Straßen getragen werden. *30 Min.*

MUSEO NAZIONALE SANNA

Besonders interessant ist die archäologische Abteilung mit Funden aus allen Perioden der sardischen Frühgeschichte, u. a. Kleinbronzen, Menhire (Steinsäulen) und Waffen. *Via Roma 64 | Di–Sa 9–20 Uhr | 2 Std.*

ESSEN & TRINKEN

INSIDER-TIPP
Ein Snack zum Kichern

Probier in Sassari unbedingt die *fainè!* Das ist eine Art Riesenpfannkuchen aus Kichererbsenmehl und Olivenöl, der wie z. B. bei *Benito (Mo und mittags geschl. | Via Sant'Apollinare 37a | €)* mit Zwiebeln, Wurst oder Pilzen im Holzofen gebacken wird.

LE BOTTICELLE DI BACCO

Mal was anderes als Aperol Spritz? In dieser Weinbar serviert man dir zum Aperitif hochwertige Weine, passend abgestimmt auf erstklassige lokale Leckerbissen. Abendessen gibts natürlich auch. *Tgl. | Via Torre Tonda 42 | Tel. 39 33 92 26 34 | Facebook | €–€€*

PANEFRATTERIA SASSARI

Aus dem Armeleuteessen *pane frattau* hat man hier Küchenkunst gemacht und das Gericht neu interpretiert. Und das so erfolgreich, dass man sogar im fernen Cagliari eine Filiale eröffnet hat! Probier unbedingt auch die Variante *su ghisasu* mit einem *sugo* aus Ziegenfleisch! *Mo/Di geschl. | Via Carlo Alberto 2 | Tel. 34 66 97 65 68 | Facebook | €*

SHOPPEN

Sassari ist keine Stadt fürs Shopping. Rund um die *Piazza Azuni* und im *Corso Vittorio Emanuele II* kann man das ein oder andere Schnäppchen machen.

AUSGEHEN & FEIERN

Rund um die Universität gibt es Bars, Restaurants und Kneipen. Zur Sommerzeit zieht es die Sassaresi in den Abendstunden aber gern ans Meer ins nahe Alghero.

RUND UM SASSARI

2 LOGUDORO

42 km bis Santu Antine südöstlich von Sassari/30 Min. über die Schnellstraße SS 131

Mitten im Tal des Rio Mascari steht, schon von Weitem sichtbar, die Kirche *Santissima Trinità di Saccargia*. Die reiche Fassade und der Portikus gehören zu den Meisterwerken pisanischer Baukunst. Insbesondere die Fresken im Innenraum sind sehenswert.

Ardara liegt weitere 15 km südöstlich auf einer Bergkuppe mit weitem Blick über die Logudoroebene. Das kleine Dorf wird vom „schwarzen Dom" *San-*

Noch aus romanischer Zeit: Fresken in der Apsis der Santissima Trinità di Saccargia

ta Maria del Regno überragt, der Krönungskirche der sardischen Herrscher zur Zeit der Judikate. Sie wurde um 1100 von toskanischen Meistern fertiggestellt. Dicke Säulen mit wuchtigen Blattkapitellen trennen die drei Schiffe. Glanzstück: das leuchtende Altarbild aus dem 16. Jh., das den Raum in seiner ganzen Höhe und Breite ausfüllt und mit dem Glanz von Gold und Farben in den dunklen Raum hineinstrahlt.

Noch mehr Kirchen: Die Klosterkirche *San Pietro di Sorres (März–Okt. Mo–Sa 9.30, 10.15, 11, 11.45, 15.30, 16.15, 17, 17.45, So 9.30, 12, 15.30, 16.10 und 16.40 Uhr)* thront oberhalb von Borutta auf einer Bergkuppe. Die reich verzierte Fassade mit den bunten Einlegearbeiten und hauchdünnen Friesen ist ebenso wunderschön wie der zebrastreifige Innenraum mit dem feinen Kreuzrippengewölbe.

Von hier ist es nur noch ein Katzensprung ins „Tal der Nuraghen", die ★*Valle dei Nuraghi* – nur in wenigen anderen Teilen der Insel liegen vorgeschichtliche Stätten so dicht beieinander. In den endlosen Stoppelfeldern kaum zu übersehen ist die imposante Nuraghe *Santu Antine (tgl. 9–17, April–Sept. bis 20 Uhr)*. Über die dreieckige Festung – entstanden zwischen 1800 und 1450 v. Chr. – erhebt sich 14,4 m hoch der Zentralturm; Schießscharten und Pechnasen sind deutlich zu sehen. In den dunklen Gängen und Treppen im Innenraum kannst du dich fast wie in einem Labyrinth verlaufen. Da fragt man sich, wie die damaligen Baumeister alles ohne Computer berechnet und ohne mechanische Hilfsmittel haben bauen lassen. Perfekt aufeinanderliegende Steinmassen, die auch ohne Zement noch nach 3500 Jahren stehen – Wahnsinn! Erklärungen dazu geben die dortigen Touristenführer und auch auf Deutsch erhältlichen Broschüren. In der Ferne kann man weitere Nuraghen entdecken, über 30 Bronzezeitburgen sollen es hier einst gewesen sein.

Nahe Bonorva liegt die Nekropole *Sant'Andria Priu (März–Mai tgl. 10–13 und 15–17.30, Juni–Okt. 10–19 Uhr)*. Beeindruckend, wie die Ursarden vor ca. 6000 Jahren mit Basaltwerkzeugen eine Totenstadt in den Trachyt geschlagen haben. Im frühen Mittelalter wurde die größte Steinzeithöhle zur Felsenkirche ausgebaut. Ihre byzantinischen Fresken zählen zu den beeindruckendsten Sardiniens. *D6–7*

3 PORTO TORRES

23 km nordwestlich von Sassari/ 20 Min. über die Schnellstraße

Raffinerietürme und Hafentrubel bestimmen das Bild der Stadt. Porto Torres (22 000 Ew.) war schon zur Römerzeit eine wichtige Hafenstadt. Antike Spuren zeugen von dieser Epoche. Völlig unerwartet in dieser Szenerie: die von bizarren Kalkfelsen eingerahmte Bilderbuchbucht von *Balai* mit SUP- und Kajakverleih. *C6*

ALGHERO

(B–C7) **Katalonien, Krustentiere und Korallen prägen die Stadt (44 000 Ew.) am Meer, die nicht nur**

deswegen Pflichtetappe auf jeder Sardinienreise ist.
Die Neustadt mit ihren Allerweltshochhäusern, die Hälfte davon Hotels, lässt du besser links liegen, es sei denn, du suchst eine günstige Bleibe. Setz dein Navi lieber gleich auf Kurs zum großen Parkplatz Piazzale della Pace. Von dort ist es nur ein Katzensprung auf die Halbinsel mit der Altstadt und ihrem Ring von massigen, runden Festungstürmen, schlanken Kirchtürmen und bunt glasierten Keramikkuppeln. Dahinter öffnet sich eine weite Bucht, hinter der die gewaltigen Felsklippen des weit ins Meer vorspringenden Capo Caccia den Horizont markieren. Das Badeparadies Lido di Alghero beginnt in der Stadt und zieht sich als weißes, von einer sattgrünen *pineta* gesäumtes Band über Kilometer bis zum Nachbarort Fertilia.

INSIDER-TIPP
Tschüs, nervige Parkplatzsuche

1354 nahmen spanische Truppen die Stadt nach langer Belagerung ein. Die Katalanen genossen fortan Privilegien und so wurde Alguer neben Cagliari zum wichtigsten Hafen und Handelsplatz Sardiniens. Die mächtigen Bastionen schützen vom Meer her und wurden nie eingenommen.
In der Innenstadt ist die katalanische Vergangenheit auch heute noch präsent und mit viel öffentlichen Geldern wird versucht, die katalanische Mundart am Leben zu erhalten, doch auf den Straßen des alten Alguer wird heute meist Italienisch gesprochen.
Auf den Tisch kommt in Alghero vor allem, was das Meer hergibt: Hum-

Die katalanische Vergangenheit ist in den Gassen und Palazzi von Alghero noch präsent

mer, Scampi und Muscheln dürfen auf keiner Speisekarte fehlen. Was das Meer kaum noch hergibt, sind Korallen: Die Riffe vor Bosa und Alghero sind streng geschützt, deshalb kommen die meisten Nesseltierchen, die in Alghero als Schmuck angeboten werden, aus Fernost oder sind aus Kunststoff.

SIGHTSEEING

ALTSTADT ★

Ein Rundgang über die Bastionen mit Blick auf den Hafen und Capo Caccia muss nicht geplant sein. Beim ziellosen Schlendern auf dem alten Kieselpflaster der engen Gässchen der Innenstadt mit den glatt gewetzten Steinplatten, auf den Piazze und vorbei an den alten Wachtürmen wird Alghero von ganz allein auf dich wirken.
Beim Eintritt durch eines der Stadttore fällt rasch auf, dass Alghero anders ist. Die Straßenschilder sind zweisprachig, ihre Namen wie Calle Mallorca und Calle Barcelona gehen auf die spanisch-katalanische Vergangenheit zurück. Kirchen und Paläste erinnern mit ihren Fassaden, den wunderschön geflochtenen Steinornamenten um Fenster und Tore und den schweren Gewölben an den gotischen Stil Nordspaniens. Am eindrucksvollsten sind Kreuzgang und Kirche von *San Francesco* – eine Oase der Stille im Herzen der Altstadt. ⏱ *2–3 Std. inkl. Rundgang entlang der Bastionen*

ESSEN & TRINKEN

AL TUGURI

Traditionsreiche Gourmetadresse mit kreativer Berg-und-Meer-Küche. Kleiner Gastraum, deshalb besser reser-

Lese auf Sella & Mosca, dem international wohl bekanntesten sardischen Weingut

vieren. *So geschl. | Via Majorca 113 | Tel. 0 79 97 67 72 | altuguri.it | €€–€€€*

BAR FOCACCERIA IL MILESE

Seit 1971 gibts hier leckerste, so dick belegt Focaccia, dass sich fast der Tisch durchbiegt. 2,80 Euro kostet der immer frisch zubereitete, beliebte Snack, der ein ganzes Abendessen ersetzen kann. In der Bar nebenan gibts Eis als Nachtisch. *Mi–Mo 7–1 Uhr | Via Garibaldi 11 | barmilese.it*

SHOPPEN

BOUTIQUE MARRAS

Fehlt noch ein neues Sommerkleid? Dieses Geschäft leitet Filippo, Bruder des sardischen Stardesigners Antonio Marras, mit viel Geschmack. So manchem Stück sieht man die sardische Herkunft an! *Piazza Civica 9 und Via Roma 56*

SPORT & SPASS

BOOTSFAHRTEN & SCHIFFSAUSFLÜGE

Ausflüge zur Grotta di Nettuno und Rundfahrten starten im Hafen. Manche Anbieter versprechen sogar Dolphin Watching – ohne Gewähr natürlich.

STRÄNDE

Das lange Sandband nördlich der Altstadt heißt *Lido San Giovanni;* der geht in einen Pinienhain mit feinem Sand über und heißt dort dann *Maria Pia.* Neben Lidobetrieb mit Liegestuhl- und Sonnenschirmverleih gibt es auch freie Strände auf 5 km Länge, die du mit dem Stadtbus erreichst. Westlich von Fertilia lohnen die Badebuchten von *Le Bombarde* und *Lazzaretto.* Nördlich von Capo Caccia folgen noch einmal Sandstrände mit Dünen und

Zwergpalmen, die nur hier und auf der Sinishalbinsel natürlich vorkommen, dann wird bis zur Nordwestspitze am Capo del Falcone die Küste steil und selbst vom Meer her fast unzugänglich. Zu den Buchten *Torre del Porticciolo* und *Porto Ferro* führen Stichstraßen; hier begleiten dich nur wilde Dünen und windige Einsamkeit – der perfekte Strand für die große Auszeit, im Nordteil auch für FKK-Fans!

AUSGEHEN & FEIERN

Am meisten los ist in der Altstadt, in den Bars und Eisdielen an der *Piazza Sulis* und am *Lungomare Colombo* bis zur Torre San Giacomo. Zwei Discos findest du entlang der Ausfallstraße SS 127 bis: Den Klassiker *Il Ruscello (Facebook: Il.Ruscello.Clubbing)* und die Eventlocation *Maden (madenalghero.com)*.

RUND UM ALGHERO

4 NEKROPOLE ANGHELU RUJU & WEINGUT SELLA & MOSCA

10 km nördlich von Alghero/15 Min. über die SP 42

Die *Totenstadt (tgl. 10–14 Uhr)* ist mit 37 Grabhöhlen aus der Ozieri-Kultur (3400–2700 v. Chr.) und der nachfolgenden Bonnanaro-Kultur eine der größten und wichtigsten auf der Insel. Darauf muss getrunken werden! Praktischerweise liegt die Totenstadt in den Weingärten der Kellerei *Sella & Mosca (April/Mai und Okt. Mo–Sa 9–19, So 11–17, Nov.–Feb. Mo–Sa 9–14 und 15–18, Juni–Sept. mit Degustation Mo–Sa 10–20, So 16–20 Uhr | sellaemosca.it)*. Seit mehr als 100 Jahren werden hier Weine produziert – darunter der nach der Nekropole benannte exquisite, schwere Likörwein Anghelu Ruju. *B–C6*

5 PALMAVERA & FORESTA DEMANIALE DI PORTO CONTE

10 km bis Palmavera westlich von Alghero/20 Min. über die SP 55

Die Nuraghenfestung *Palmavera (April–Okt. tgl. 10–18, Nov.–März 10–14 Uhr) | 1 Std.)* ist nicht nur wegen ihrer Lage dicht an der Küste und der sehr sorgfältigen Bearbeitung der Steine ungewöhnlich. Die Anlage besaß eine starke Ringmauer und einen zweitürmigen Zentralbau. In der Rundhütte am Eingang führten die Ursarden wohl ihre Beratungen: Ein Thron aus Sandstein und die umlau-

fende Steinbank sprechen für diese Theorie.
Die tiefe, als Naturpark geschützte Bucht *Porto Conte* ist ein wunderbarer Naturhafen. Ideal zum Wandern und Mountainbiken ist der Wildpark *Foresta Demaniale di Porto Conte (stark gestaffelte Tage und Zeiten s. Website | algheroparks.it/vivi-i-parchi/prigionette)* an der SP 55. Nicht wundern, wenn du unterwegs denkst, da steht ein Pferd auf weiter Flur: Die leben hier nämlich ausgewildert, genauso wie weiße Albinoeselchen und Damhirsche. B7

INSIDER-TIPP
Tierisch was los hier

6 CAPO CACCIA & GROTTA DI NETTUNO

25 km westlich von Alghero/40 Min. über die SP 55

Hinter Fertilia ändert die Küste ihren Charakter: Schroffe Kalkberge treten bis ans Ufer, erst noch sanft, dann am Capo Caccia als Wand, 200 bis 300 m steigt sie senkrecht aus dem Meer. Richtung Leuchtturm auf dem *Capo Caccia* steigt die Straße an und bietet eine überwältigende Aussicht über die raue Küste.
Ende Gelände ist beim Parkplatz über der *Grotta di Nettuno (Mai–Sept. tgl. 9–19, April und Okt. 10–16, Nov.–März 10–15 Uhr, bei unruhiger See geschl. | Facebook: Grottadinettunofficial)*, zu der ein Treppenweg mit 652 Stufen hinabführt. Die Höhle, die von Alghero und Porto Conte auch mit dem Boot erreichbar ist, zählt zu den schönsten und größten Meeresgrotten Italiens.
1½ Std. | B7

7 ARGENTIERA

40 km nordwestlich von Alghero/45 Min. über die SP 42 und SP 18

Durch urbar gemachtes Gebiet und die sanften Hügel der Nurra geht es über die kleine Siedlung Palmadula zu den verlassenen Silberminen von Argentiera. Was heute wie der Drehort eines alten Abenteuerfilms wirkt, war im 19. Jh. die Bühne eines wahren Spekulationsrauschs. Besser als die der Römer und Punier, die hier schon vor über 2000 Jahren Metalle schmolzen, waren die neuen Verfahren gewiss, aber trotzdem kamen die meisten Schatzsucher finanziell unter die Räder. Um den verfallenen Verladehafen liegt ein kleiner Strand mit gutem Tauchrevier, wenn der Wellengang es zulässt. B6

8 STINTINO & ASINARA

55 km bis Stintino nördlich von Alghero/55 Min. über die SP 42 und SP 57

Der kleine Fischerort Stintino (1600 Ew.) liegt malerisch auf einer von zwei Fischerhäfen gesäumten Landzunge. Leckere Meeresfrüchte bekommst du im familiengeführten *Hotel Silvestrino (tgl. | Via Sassari 14 | Tel. 0 79 52 30 07 | hotelsilvestrino.it | €)* im Ort, wo frisch zubereitet wird, was die Boote aus dem Meer fischen. Hauptanziehungspunkt von Stintino ist die berühmte *Spiaggia La Pelosa* am Capo del Falcone – deine Instagram-Community wird vor Neid erblassen! Wegen seiner unglaublichen Farben diente dieser Traumstrand häufig als Kulisse für Werbe- und Modeaufnahmen; heute ist hier so viel los, dass du von Juni bis September ein Ticket vorbuchen musst *(lapelosastintino.com)*.

Von Stintino verkehren Ausflugsboote hinüber zur Nationalparkinsel ★ *Asinara*. Bis 1884 lebten hier nur Fischer und Hirten, dann wurden sie nach Stintino zwangsumgesiedelt, damit das Alcatraz Italiens, ein gefürchtetes Hochsicherheitsgefängnis, gebaut werden konnte. Es heißt, nicht einmal die hier einsitzenden Mafiabosse hätten je einen Ausbruch geschafft, sondern nur ein sardischer Bandit mit Hilfe seiner Frau. Die Besonderheiten von Asinara sind neben der unberührten Natur mit idyllischen Badebuchten und den düsteren Relikten des Gefängnisses insbesondere die berühmten wild lebenden weißen Esel. Asinara kann von Stintino und Porto Torres *(delcomar.it)* aus individuell oder im Rahmen einer Führung zu Fuß, Fahrrad, Pferd, Bus oder Elektrozug besichtigt werden. Information und Reservierung: *parcoasinara.org* | *(🕮 B5)*

BOSA

(🕮 C8) **Es sieht so aus, als würden die bunten Häuser des Städtchens (8000 Ew.) den Hang hochklettern, um das alte genuesische Kastell einzunehmen. Bosa ist mittelalterlich, aber lebendig – der Charme der alten Häuser und ihrer Bewohner wickelt sicher auch dich um den Finger.**

Die Zeit ist hier zwar nicht stehen geblieben, aber sie scheint genauso gemächlich dahinzufließen wie der Temo, der einzige schiffbare Flusslauf der Insel, der hier vorüberzieht.

SIGHTSEEING

ALTSTADT ★

Die Bars sind altbacken, die Palazzi – fast ganz aus dem rosafarbenen Tra-

Wer die 652 Stufen scheut, erreicht die Grotta di Nettuno von Alghero aus auch per Boot

chytstein der Umgebung gebaut – verwittert und die Weinkeller dunkel – und doch ist fast jedes Wochenende *festa* in Bosa. Schlendere durch die Gassen mit dem alten Kieselpflaster und schau auch in den kleinen Künstlerateliers vorbei – mit etwas Glück lädt man dich zu einem Gläschen süßen Malvasiawein ein. An der Uferpromenade kannst du den Fischern beim Flicken ihrer Netze zuschauen. Auf der gegenüberliegenden Flussseite stehen die verlassenen Gerbereien *Sas Conzas*, in denen du Restaurants sowie ein kleines Gerbereimuseum findest.

CASTELLO DEI MALASPINA

Schon wegen der tollen Aussicht lohnt sich der Weg durch das Gassengewirr der Altstadt hinauf zur alten Burg der Genuesen. *April–Juni tgl. 10–19, Juli/Aug. 10–19.30, Sept. 10–18, Okt. 10–17, März und Nov. Mo–Fr 10–13, Sa/So 10–16, Dez.-Feb. Sa/So 10–16 Uhr* | *1 Std.*

SAN PIETRO EXTRAMUROS

Von der alten Temobrücke Ponte Vecchio führt am stadtabgewandten Temoufer eine Straße durch blühende Gärten zu der romanischen (und romantischen!) Kirche aus dem 12. Jh. *April–Juni tgl. 9.30–12.30 und 15.30–17.30, Juli/Aug. 9.30–12.30 und 16–18, Sept. 9.30–12.30 und 15–17, Okt. 9.30–12.30 Uhr* | *20 Min.*

ESSEN & TRINKEN

MANNU

Meeresküche zu wirklich günstigem Preis, weshalb man hier auch viele Einheimische trifft. Der *risotto al pescatore* ist ein Gedicht! *Tgl.* | *Viale Alghero 28* | *Tel. 07 85 37 53 06* | *mannuhotel.it* | €€

ANIMA SARDA

Im beschaulichen Weiler *Tresnuraghes* 10 km südöstlich dient so manches Herrenhaus als edle Unterkunft. Im Bed and Wine gibt es von Hausherr Jurgen handverlesene Weine zum Kosten, Ehefrau Marieke kredenzt dazu sardische Snacks. Die beiden kommunikationsfreudigen Holländer bieten auch romantische Dinner mit Weinbegleitung an. *Tgl.* | *Via Rennu 5* | *Tel. 34 97 51 81 85* | *animasarda-bedandwine.com* | €€

STRÄNDE

Die Küste um Bosa hat nur wenige Strände. Der große, ockergelbe Sandstrand von *Bosa Marina* mit netten Strandbars ist einer der schönsten davon. Den gleichen ockergelben Sand hat auch die *Spiaggia di Turas* etwas weiter südlich. Ziemlich bizarr ist das Naturschwimmbecken *Cane Malu:* In der kargen Küstenwüste westlich des Yachthafens hat die Natur ein geschütztes Becken mit Sprungfels in den Kalk gebohrt!

INSIDER-TIPP
Natürlicher Sprungturm

Ausgezeichnete Möglichkeiten zum Tauchen gibt es an der Straße nach Alghero bei der *Torre Argentina* an der bizarren Steinküste mit ihren leuchtenden Farben; das kann jedoch schon bei geringer Brandung riskant sein!

Pastellfarbene Häuser und grobes Kieselpflaster: das charmante Bosa

RUND UM BOSA

9 MACOMER

30 km östlich von Bosa/40 Min. über die SS 129 bis

Das eher unansehnliche Städtchen (10 000 Ew.) war schon in der Antike ein Verkehrsknotenpunkt. So weit das Auge reicht, kannst du auf der Hochebene alte Nuraghenbauten erkennen. Einer davon hat sogar eine eigene Autobahnabfahrt (allerdings nur in Fahrtrichtung Sassari): Vom bestens erhaltenen Turm der Nuraghe *Santa Barbara* aus der Bronzezeit hast du einen perfekten Rundblick auf die Region.

Etwas ganz Besonderes sind die *Sei Betili* genannten Hinkelsteine in der *Area Archeologica di Tamuli (tgl. 9.30–30 Min. vor Sonnenuntergang)* an der Straße nach Santu Lussurgiu: sechs rätselhafte, zuckerhutförmige Wesen, die sich in zwei Reihen gegenüberstehen und von denen drei mit jeweils zwei Knubbeln versehen sind – die Vermutung liegt also nahe, dass es sich um drei weibliche Menhire handelt; bei den drei vermutlich männlichen muss man sich die Geschlechtsmerkmale allerdings dazudenken. *D8*

TRENINO VERDE

Die Schmalspurbahn fährt von Bosa Marina in vielen Serpentinen und mit großartiger Aussicht über Tresnuraghes in drei Stunden Ruckelfahrt nach Macomer – allerdings nur samstags von Mitte Juni bis Anfang September. Die Rückfahrt erfolgt im Shuttlebus. Infos und Tickets unter *esedrasardegna.it*. *C–D8*

DER SÜDEN

SONNE SATT IM SÜDEN SARDINIENS

Der Süden Sardiniens ist anders: Die Sarden aus dem Norden nennen die Cagliaritaner *africani,* denn hier lässt man es trotz der Geschäftigkeit der sardischen Inselmetropole gerne mal gemächlich angehen.

Das sagen sich selbst die Flamingos, die ganzjährig in den Lagunenseen am Stadtrand leben. Dabei hätten sie es zum Überwintern gar nicht weit: Bis Afrika sind es gerade mal 180 km. Baden kann man hier von Mai bis Anfang November, immer ein paar Wochen länger

Auf einem Felsplateau thront Cagliaris Altstadt über der Ebene

als im Norden. Und wie man hier baden kann! Costa del Sud und Costa Rei sind familienfreundliche Badeparadiese mit fairen Preisen. Ausgenommen Juli und August: Da platzt hier alles aus den Nähten! Die fruchtbare Campidanoebene, die erzreichen Berge um die alte Bergbaustadt Iglesias sowie die fischreichen Lagunen um Oristano haben seit jeher die Eroberer angelockt. Hinterlassen haben sie ein archäologisches Freilichtmuseum mit Nuraghen, Brunnenheiligtümern und Menhiren, meist einsam in der Weite der Landschaft.

DER SÜDEN

MARCO POLO HIGHLIGHTS

★ **CAGLIARI**
Tagsüber planschen, nachts Party am Stadtstrand Poetto ➤ S. 88

★ **COSTA VERDE**
Endlose Sand- und Dünenstrände, großenteils nur zu Fuß erreichbar ➤ S. 84

★ **TORRE DI CHIA**
Strand, Sand und Traumbuchten ➤ S. 93

★ **PARCO DEI SETTE FRATELLI**
Wo die Hirsche herrschen ➤ S. 97

★ **ISOLA DI SAN PIETRO**
Die Insel ist ein mediterranes Paradies, das mehr bietet als Baden und Tauchen ➤ S. 87

★ **VILLASIMIUS**
So viel Platz an so vielen Stränden – und einer ist toller als der andere ➤ S. 95

★ **HALBINSEL SINIS**
Steppenlandschaft mit Steilküste, Reiskornstränden und Lagunen voller Reiher, Flamingos und Seevögel ➤ S. 78

Macumere/Macomèr
Oliena
Dorgali
Orgosolo
Gavoi
Fonni
2 Abbasanta-Hochebene
Lago Omodeo
Sorgono
Fordongianus
Tortolì
Lanusèi/Lanusei
ITALIA
Bari Sardo
Tertenia
Baumini
Lago Mulargia
131
Sanluri
S. Gavino Monreale
Samassi
Serrenti
Villaputzu
17 Muravera
Serramanna
Villasor
Dolianova
15 San Sperate
Decimoputzu
Sestu
Sìnnia/Sinnai
130
Uta
Parco dei Sette Fratelli
Assèmini/Assemini
Coraxus/Selargius
18
16 Costa Rei
Quartu Sant'Elena
Cagliari
Flumini di Quartu
60 km, 50 Min.
S. 88
14
Monte Arcosu
Cabuderra/ Capoterra
Villasimius
Punta Molentis
60 km, 1½ Std.
S. 95
195
Golfo di Cagliari
Sarroch
Pula
Tuerredda
Spiaggia Su Giudeu
Torre di Chia
15 km
9.32 mi
Costa del Sud

PENISOLA DEL SINIS

(📖 C9) **Westlich der Provinzhauptstadt Oristano breitet sich menschenleer und kahl die ★ *Halbinsel Sinis* aus.**

Im Sommer sind die Salzseen fast ausgetrocknet, ab Herbst überwintern in ihrem kaum fußtiefen Wasser Tausende von Flamingos. Weite Teile der Küste stehen wegen ihrer außergewöhnlichen Flora unter Naturschutz.

SIGHTSEEING

STAGNO DI CABRAS

Der Lagunensee ist das wohl fischreichste Binnengewässer Sardiniens. Brackwasserfische wie Aal *(anguilla)* und vor allem die Meeräsche *(muggine)* kannst du hier fast mit bloßer Hand fischen! Die Sarden schätzen die Meeräsche vor allem wegen des Rogens, aus dem die *bottarga* gemacht wird. Dieser sardische Kaviar wird getrocknet und gesalzen und anschließend in Scheibchen geschnitten oder über die Pasta gerieben und war lange Grundlage des Überlebens der Fischer der Region.

Darum ist das unscheinbare Fischerstädtchen *Cabras* (4500 Ew.) *die* Adresse auf der Insel für Fischküche, sodass man bis aus Cagliari anreist, um hier Fisch zu essen – z. B. bei *Zia Beledda (tgl. | Via Amsicora 43 | Tel. 07 83 29 08 01 | €€)* oder im *Il Caminetto (Mo geschl. | Via Battisti 8 | Tel. 34 08 04 17 63 | ristorante-ilcaminetto.com | €–€€)*. Am feinsandigen, flachen Strand von *Torre Grande* treffen sich

Links das Meer, rechts der Brackwassersee von Cabras: Küste bei San Giovanni di Sinis

die Einheimischen – es herrscht Lidobetrieb und abends wird bis spät in die Nacht gefeiert.

SAN SALVATORE

Wenn du in San Salvatore an rauchende Colts, gottverlassene Nester und Einöde denkst, liegst du völlig richtig: Die flache Häusergruppe mitten in der Steppe könnte auch in Mexiko stehen. Genau das dachten auch die Produzenten von Spaghettiwestern in den 1960er-Jahren und nutzten das Pilgerörtchen als Filmset. Genauso handlungsarm wie manch ein Western ist auch dieser Ort. Nur einmal im Jahr ziehen Pilger und Gläubige in die einstöckigen bunten Hütten. Einzige Sehenswürdigkeit ist die *Kirche,* die unregelmäßig geöffnet ist. Mit etwas Glück kannst du in ihr Kellergewölbe hinabsteigen, dort befindet sich ein Katakombengrab, ein sogenanntes Hypogäum, aus der Nuraghenzeit.

THARROS

Am Kap am Ende der Straße nach Capo San Marco scharen sich um die frühchristliche Kirche *San Giovanni di Sinis* die flachen Häuser einer Feriensiedlung und Fischerhütten, die hier noch aus Schilf gebaut werden – oder zumindest mit Schilf beklebt werden, um authentisch zu wirken. Auf der schmalen Landzunge liegt *Tharros (April/Mai und Okt. tgl. 9–18, Juni/Juli und Sept. 9–19, Aug. 9–20, Nov.–März Di–So 9–17 Uhr | tharros.sardegna.it),* die größte punisch-römische Stadt Sardiniens. Und was für eine Stadt! Bisher hat man nur das Stadtzentrum ausgegraben, aber auch so erkennt man an den gut erhaltenen Wohnvierteln, Tempeln und Thermen, wie imposant die Hafenstadt gewesen sein muss. Um dem ganzen noch die Krone aufzusetzen, haben die Spanier im 17. Jh. auf das *Capo San Marco* noch einen wuchtigen, 50 m hohen Wachturm gesetzt.

STRÄNDE

Berühmt sind die „Reiskornstrände" von *Mari Ermi* und *Is Arutas.* Der Quarzkieselstrand mit seinem türkisblauen Wasser ist ein einmaliges Stranderlebnis. Weit weniger bekannt ist der Strand von *Maimoni,* an dem du auch in der Saison noch einsame Abschnitte findest. Die Minikügelchen aus Quarz sind ein ziemlich einmaliges Stranderlebnis. Gönn dir eine steinige Naturmassage, die du so schnell nicht wieder vergessen wirst! Übrigens: Sand mitzunehmen ist streng verboten, hohe Geldstrafen drohen.

INSIDER-TIPP
„Reiskornstrand" ohne Menschenmassen

RUND UM DEN SINIS

1 ORISTANO

8 km südöstlich von Cabras/15 Min. über die SP 3, SP 1 und SP 56

Die Provinzhauptstadt (32 000 Ew.) liegt am Eingang zur Campidanoebene und ist Knotenpunkt der sardischen Fisch- und Landwirtschaft. Als Hauptstadt des

Judikats Arborea erlebte sie im 14. Jh. ihre Blütezeit und verfiel dann unter spanischer Herrschaft zum Provinznest, hat aber heute noch ein paar lauschige Ecken, die einen Stadtbummel lohnen. Den beginnst du am besten innerhalb der Stadtmauer, denn dort vibriert in den kleinen Gassen die Geschäftigkeit. Der spätmittelalterliche Turm *San Cristoforo* markiert den Haupteingang in die Altstadt. Auf der weiten *Piazza Eleonora d'Arborea* steht die imposante Statue der gleichnamigen sardischen Volksheldin, die heute noch inselweit verehrt wird. Gleich daneben erhebt sich die klassizistische Kirche *San Francesco.* Nur ein paar Meter weiter dominiert die Kathedrale *Santa Maria Assunta* die Dächer von Oristano. Besonders beeindruckend ist die achteckige blaue Kuppel mit ihrem goldenen Sternenhimmel. *C9*

2 ABBASANTA-HOCHEBENE

25 km bis Santa Cristina nordöstlich von Cabras/30 Min. über die Schnellstraße

Abbasanta kennen die meisten Sarden nur, weil sich hier die Schnellstraße SS 131 in drei Himmelsrichtungen teilt. Doch die Hochebene war einst wichtige Wiege sardischer Kultur und die alten Kultstätten sind auch heute noch beeindruckend. Da wäre z. B. *Santa Cristina,* verkehrsgünstig nahe der Schnellstraße gelegen. Am eindrucksvollsten in der weitläufigen archäologischen Stätte mit Bar und Restaurant ist das hervorragend erhaltene unterirdische Brunnenheiligtum *Santa Cristina (tgl. 8.30 Uhr–Sonnenuntergang | 1½ Std.).* Vor gut 3000 Jahren ist dieses Beispiel raffinierter Bautechnik zur Huldigung des Wassers entstanden. In einem trapezförmigen Treppenraum geht es 25 Stufen hinunter zum Nass. Beim Runterlaufen unbedingt nach oben schauen: Die Decke ist das exakte Spiegelbild der Treppe. Ein geniales geometrisches Bronzezeitpuzzle aus exakt vermessenen Basaltsteinen! Vorbei an Olivenbäumen geht es dann noch zum Nuraghenturm und zu einer kleinen frühchristlichen Kirche mit ihren Pilgerzellen.

Die imposante *Nuraghe Losa (tgl. 9 Uhr–1 Std. vor Sonnenuntergang | 1 Std.)* ist mit ihrem weithin sichtbaren, 13 m hohen Turm eine der am besten erhaltenen Sardiniens. Achtung, die Ausfahrt befindet sich direkt am Autobahnübergang in einer Kurve!

Fordongianus, ganz aus rotem Naturstein erbaut, war schon den Römern ein wichtiger Stützpunkt. Am Fluss stehen die Mauern der *Antiche Terme Romane (tgl. 9.30–13 und 15.30–19, im Winter 15–17 Uhr | forumtraiani.it),* in denen 54 Grad heiße Quellen entspringen. *C–D 8–9*

3 MONTE FERRU

33 km bis Santu Lussurgiu nördlich von Cabras/40 Min. über die SP 1 und SP 15

Korkeichen, Wildoliven, Nuraghen und endlose Mauern begleiten die Fahrt nach *Santu Lussurgiu* am Hang des erloschenen Vulkanmassivs Monte Ferru. Wenn du von einem der vielen Aussichtspunkte im Ort nach unten schaust, erkennst du, wie das Dorf in einem alten Vulkankegel angelegt

Unscheinbar präsentiert sich der Abgang zum Brunnenheiligtum Santa Cristina

INSIDER-TIPP
Wasserfall-romantik

wurde. Die heimliche Attraktion des Bergdorfs ist der versteckte Wasserfall *Cascata Sos Molinos*, mit dem sich der Mühlenbach etwa 1 km außerhalb in eine kleine, üppig grüne, wildromantische Schlucht stürzt. Halte Ausschau nach einer Parkbucht auf der SP 15 Richtung Bonarcado (nach der Brücke links) und folg den Treppen hinunter ins Tal.

Noch bis ins 20. Jh. destillierten die Frauen von Santu Lussurgiu in den Kellern Weinbrand für den Hausgebrauch. Die *Distillerie Lussurgesi (Via delle Sorgenti 14 | distillerielussurgesi.it)* führen diese Tradition mit viel Erfolg weiter und lassen dich gerne einmal durchs Sortiment trinken. Nette Mitbringsel sind die kleinen Probierfläschchen. Du musst noch fahren? Dann gönn dir nicht zu viele der leckeren *Mirto*-Pralinen, denn auch die haben es in sich. Ein kulinarischer Traum ist die in einem alten Palazzo mitten im historischen Zentrum untergebrachte *Antica Dimora del Gruccione (mittags geschl. | Via Obino 31 | Tel. 0783552035 | anticadimora.com | €€)*. Nicht nur Gebäude mit lauschigem Innenhof und die Küche überzeugen hier, sondern auch die engagierte Anhängerin von Slow Food, Gabriella Belloni (spricht Deutsch), und ihre beiden charmanten Töchter, die sich reizend um das Wohl der Gäste kümmern.

San Leonardo de Siete Fuentes ist eine wegen ihrer sieben eiskalten Quellen bei Sarden beliebte Sommerfrische in einem dichten Steineichenhain. Das kleine pisanische *Kirchlein* von San Leonardo mit seinen großen Malteser-

kreuzen sieht für Sardinien ziemlich ungewöhnlich aus.
Durch die dichten, von einem großen Waldbrand 2021 schwer geschundenen Steineichenwälder des Monte Ferru führt die kleine SP 19 in unzähligen Kurven weiter Richtung Cuglieri. Unterwegs kannst du am *Casteddu Etzu* anhalten und dir beim 20-minütigen Aufstieg die Beine vertreten – die Aussicht von den Resten der alten Burg Richtung Meer ist grandios! *Cuglieri* ist vor allem für sein hochwertiges Olivenöl bekannt, das aus den Früchten der Bäume an den Westhängen des Vulkanmassivs gepresst wird. Im Laden der *Azienda Peddio (Corso Umberto I 87 | oliopeddio.it)* gibts außerdem Kosmetik auf Olivenölbasis. 📖 C–D8

4 S'ARCHITTU

20 km nördlich von Cabras/25 Min. über die SP 8 und die SS 292

Die beiden Küstenorte *Santa Caterina di Pittinuri* und *Torre del Pozzo* haben zwar den Charme einer heruntergekommenen Ferienkolonie, dafür ist die Küste hier umso eindrucksvoller: Der weiße Kalkstein ist bizarr vom Meerwasser ausgewaschen und unterspült und sieht zum Sonnenuntergang aus, als würde sich ein rosa Lavastrom ins Meer ergießen. Bei S'Archittu hat die Witterung ganze Arbeit geleistet und einen Felsbogen nebst Kanal in die Küste gefräst – spektakulär! Mutige stürzen sich den Felsbogen hinab in die Tiefe, die anderen leihen sich am Strand Kajaks und SUP-Boards. Bei der *Bar Centrale Marongiu (tgl. | Via Lungomare 32 | Tel. 0785380046 | €€)* unbedingt die Meeresfrüchteplatte probieren – das Panorama ist inklusive. 📖 C9

IGLESIAS

(📖 C12) **Um die Stadt herum sind die Spuren von drei Jahrtausenden**

Die Altstadt von Iglesias lässt noch ahnen, wie reich die Stadt einst dank Bergbau war

Bergbau unübersehbar: Seit 800 Jahren ist Iglesias (27 000 Ew.) Zentrum der sardischen Metallgewinnung.
Zuerst Silber, dann auch Blei, Zink und Kupfer wurden hier gefördert und verhüttet. Die Zeugen des Bergbaus – Bergbausiedlungen, Förderanlagen und Halden – liegen unübersehbar am Straßenrand. Immer wieder werden im Rahmen von Industriearchäologieprojekten Teile restauriert und der Öffentlichkeit zugänglich gemacht *(parcogeominerario.eu)*.

SIGHTSEEING

ALTSTADT

Wenn dir der Name dieser Stadt spanisch vorkommt (*iglesia* = Kirche), liegst du richtig: Die Stadt stand lange unter spanischer Herrschaft und ist reich an Kirchenbauten. Die Altstadt, von deren turmbewehrter Stadtmauer noch Teile stehen, bietet ein unerwartetes Kleinstadterlebnis: Häuser mit schönen Schmiedeeisenbalkons, Bauwerke, die den einstigen Reichtum einer lange privilegierten Stadt verraten, und viel buntes Leben in den Straßen. Der *Dom* mit strenger romanischer Fassade stammt ebenso aus dem 13. Jh. wie die vor den Mauern gelegene Bettelordenskirche *Santa Maria di Valverde*, eine riesige Halle ohne Zierrat. Vom früheren Stadttor Porta Sant'Antonio führt eine Gasse auf den Berg zur Ruine des *Castello Salvaterra* und eine andere auf den gegenüberliegenden Berg mit der Wallfahrtskirche *Nostra Signora del Buoncammino*.

ESSEN & TRINKEN

VILLA DI CHIESA

Sardisch-italienische Küche direkt am mittelalterlichen Dom; leckere Pasta und Fisch, abends auch Pizza. *Mo-Mittag, im Winter Mo geschl. | Piazza Municipio 9 | Tel. 33 94 75 26 87 | Facebook | €-€€*

LOCANDA S'ANNINNIA

Wer bei Marcella im 9 km südwestlich gelegenen Gonnesa hungrig herauskugelt, ist selber schuld. Traditionelle Küche, alles aus der Region, selbst die *culurgiones* werden hier noch handgemacht! *Im Winter Mo geschl. | Gonnesa | Via Iglesias 107 | Tel. 0 78 14 51 32 | sanninnia.it | €*

RUND UM IGLESIAS

5 PORTO FLAVIA, NEBIDA, BUGGERRU & CAPO PECORA

38 km bis Buggerru nordwestlich von Iglesias/55 Min. über Nebida

Tief im Fels bei Masua verstecken sich ein unterirdisches Mineralienlager und der wohl spektakulärste ehemalige Frachthafen der Insel, *Porto Flavia (tgl. 10–17, Sa/So bis 19 Uhr, im Winter kürzer | Tickets online unter visitiglesias.comune.iglesias.ca.it | 1½ Std.)*. Die alte Verladerampe ist heute eine tolle Terrasse hoch über dem Meer.
In *Nebida* musst du anhalten! Der kleine Rundgang zum *Belvedere* führt einmal um den Berg herum, die Aus-

sicht auf die Reste des alten Blei- und Zinkbergwerks am Meer ist an sich schon spektakulär, doch was da im Norden am Horizont auftaucht, ist grandios: Das Inselchen *Pan di Zucchero* sieht mit seiner elliptischen Form aus wie eine Skisprungschanze ins Meer. Bei diesem Ausblick macht es auch nichts aus, wenn es beim Service in der Felsenbar *Al 906 Operaio (Mo geschl.)* am Belvedere mal wieder etwas länger dauert.

Auf der Weiterfahrt nach Norden geht die enge Straße mächtig bergauf – bei 13 Prozent Steigung heißt es einen Gang runterschalten. In der bildschönen Strandbucht *Cala Domestica,* die du dann passierst, finden sich noch verfallene Anlagen einer ehemaligen Erzverladestation. Richtig spektakulär aber sieht die enge Bucht von oben aus: An der Südflanke führt ein schmaler Pfad bis zu einem alten Sarazenenturm – was für ein Ausblick!

Das alte, von senkrecht abfallenden Bergflanken, verfallenen Minenanlagen und Abraumhalden überragte Bergarbeiterdorf *Buggerru* versucht, mit seiner neuen Marina und der alten Mine *Galleria Henry,* die als Besucherbergwerk wiedereröffnet wurde, Touristen anzulocken. Die Fahrt auf dem Minenzug kannst du vorab online buchen: *visitbuggerru.it/prenotazioni-galleria-henry*

Wind und Wetter verlangen der Landzunge von *Capo Pecora* ziemlich viel ab, doch wenn die Witterung es zulässt, solltest du hier unbedingt einen Spaziergang auf den Trampelpfaden die Küste entlang Richtung Norden bis zur *Spiaggia delle Uova* machen: Die fast unbekannte Bucht ist voll mit riesengroßen, rund gelutschten Kieselsteinen, die wie eine Unmenge Dinosauriereier aussehen. Phantastisch!

INSIDER-TIPP
Eine Bucht zum Eierlegen

C11–12

6 COSTA VERDE ★

90 km bis Torre dei Corsari nördlich von Iglesias/2 Std. über Fluminimaggiore und Guspini

Weite und Einsamkeit beschreiben die Gefühle an der „Grünen Küste" perfekt. Kilometerlange weiße Sanddünen stehen im Kontrast zur wilden grünen Macchia zwischen Marina di Arbus und dem Capo Pecora. Am besten startest du deine Tour in *Torre dei Corsari,* dem kleinen Ferienort bei Porto Palma oberhalb enormer, rotgelber Dünen. Weiter geht es nach Süden; die ehemalige Ferienkolonie *Funtanazza* ist eine Geisterstadt am Meer. So bizarr die von Wind und Wetter zernagten Ruinen aus den1950er-Jahren sind, so gefährlich sind sie leider auch.

Die eher triste Feriensiedlung Marina di Arbus kannst du getrost umfahren, denn gleich fängt das Abenteuer auf der nicht immer befahrbaren Piste an. Nachdem du durch zwei Furten gefahren bist (hoffentlich hat dein Mietwagen eine Unterbodenversicherung!), beginnt das *Naturschutzgebiet von Piscinas* mit einem kilometerlangen Strand und bis zu 300 m hohen Sanddünen. Da heißt es nur noch: Auto abstellen, rauf auf die Dünen und wenn du so richtig ausgepowert bist, ab ins Wasser!

Wo einst Zink und Blei abgebaut wurden: aufgelassenes Bergwerk überm Meer in Nebida

Zurück ins Inland: Die ruckelige Staubpiste im Tal des Riu Piscinas führt mitten durch verfallene Minenorte bis nach Ingurtosu. Eine besondere Adresse in *Arbus* im Hinterland der Costa Verde ist das Messermuseum *Museo del Coltello Sardo (Sommer Mo–Sa 9–14.30 und 15–20.30, So 10–14 und 16–20 Uhr, Winter Mo–Sa 9–14 und 16–20 Uhr | Via Roma 15 | museodelcoltello.it)*. Dort kannst du direkt beim Messermeister eines der schönsten Mitbringsel aus Sardinien erwerben: ein nach alter Tradition von Hand gefertigtes Hirtenmesser mit Schaft aus echtem Schafhorn. Außerdem zeigt dir der Museumsvater, Künstler und Messerschmied Paolo Pusceddu gerne, warum das mit 295 kg Gewicht und 4,85 m Länge größte Klappmesser der Welt nicht mehr in die Hosentasche passt. *C11*

7 GROTTA DI SAN GIOVANNI

14 km östlich von Iglesias/15 Min. über die Schnellstraße und Domusnovas

Bei Domusnovas öffnet sich dieser 850 m lange Tropfsteintunnel. Kaum zu glauben, aber bis vor ein paar Jahren konnte man ihn noch mit dem Auto durchqueren! Nun ist er nur noch für Fußgänger und Radfahrer zugänglich. Begleitet wird man von einem plätschernden Bergbach und nach 15 Minuten erblickt man das Licht auf der anderen Seite. *Tgl. 9.30–17.30 Uhr | grottasangiovanni.com | C12*

8 S'ORTU MANNU

15 km östlich von Iglesias/20 Min. über Villamassargia

Der „Große Garten" an der SP 2 ist ein Park mit mehr als 600 phantastischen Olivenbäumen aus dem 14. und 16. Jh., darunter *Sa Reina,* die „Königin", ein 1100 Jahre alter Methusalem mit einem Stammumfang von 16 m. *C-D12*

9 CARBONIA & NEKROPOLE MONTESSU

25 km bis Carbonia südlich von Iglesias/30 Min. über die SP 85 und SP 2

Das Dreieck Iglesias, Portoscuso, Carbonia ist trotz Schließung der Minen Industriegebiet geblieben. *Carbonia,* 1938 gegründet, ist eine Reißbrettstadt aus der Mussolini-Ära. Die Förderung der minderwertigen Braunkohle ist längst eingestellt. Weiter im Südosten liegt nahe dem Städtchen Villaperuccio die besonders interessante, aber kaum bekannte Nekropole *Montessu (März und Okt. Di-So 10–16, April-Sept. tgl. 10–18, Juni-Aug. bis 20 Uhr | comune.villaperuccio.ci.it):* 40 in den Fels gehauene Gräber erstrecken sich hier über zwei Hügel – du kannst das Gelände auf eigene Faust erkunden. Spektakulär sind die beiden Königsgräber – sie wirken wie zwei riesige Gesichter, die sich anstarren. *C-D 12-13*

INSIDER-TIPP
Flanieren auf dem antiken Friedhof

10 PORTO PINO

50 km südlich von Iglesias/1 Std. über Carbonia und Porto Botte

Geradezu sensationell ist der phantastische Sandstrand von Porto Pino, der sich kilometerlang um die gesamte, von einem Lagunensee geschützte Bucht südlich der Punta Menga zieht und mit seinem mehlfeinen, blendend weißen Sand und Dünenland wüstenartig wirkt. Wüstenkrieg übt hier auch die Nato auf dem riesigen militärischen Sperrgebiet, das das gesamte Capo Teulada umfasst. Im Sommer wird jedoch der schönste Strandteil auf der Südostseite der Bucht für Besucher geöffnet. Am besten parkst du auf dem Parkplatz mitten im Lagunensee: Von Mai bis September geht es kurz vor dem Ort links ab auf einen staubigen Weg, der mitten durch den Bracksee führt. *C13*

INSIDER-TIPP
Parkplatz zum Wüstenparadies

11 ISOLA DI SANT'ANTIOCO

40 km südlich von Iglesias/45 Min. über Carbonia

Sant'Antioco ist durch einen flachen Meeresarm und Lagunen vom Festland getrennt. Damm und Brücke bauten schon die Römer – vielleicht merkst du deswegen gar nicht auf den ersten Blick, dass du dich auf der viertgrößten Insel Italiens befindest. Die Stadt *Sant'Antioco* ist ein betriebsamer, mediterraner Fischerhafen. Hier kannst du den Fischern jeden Morgen beim Entladen der kleinen Kähne über die Schulter schauen oder gleich was mitnehmen – frischer geht es nicht!

Einen weiteren Fischerort kannst du an der Nordspitze der Insel besuchen. In *Calasetta,* am Reißbrett für ligurische Siedler entworfen, scheint die Zeit stehen geblieben zu sein. Mit der *Spiaggia Grande* findest du hier auch den schönsten Strand der Insel. Wenn die Sonne untergeht, ist es an den Felsriffen im Südwesten am schönsten. Die Felsinselchen mit dem kleinen Leuchtturm tragen nicht umsonst den Namen *Mangiabarche*, Schifffresser – so mancher Segler ist in den Untiefen hier schon gestrandet. *C13*

12 ISOLA DI SAN PIETRO ★

40 Min. mit der Fähre vom 28 km südwestlich von Iglesias gelegenen Portovesme (oder 30 Min. von Calasetta auf Sant'Antioco)

Die kleine Insel vulkanischen Ursprungs ist eine Welt für sich. Ihre Bewohner sind Ligurer, die vor Jahrhunderten aus ihrer norditalienischen Heimat nach Nordafrika ausgewandert sind, ihre Sprache, Küche und Traditionen bewahrt haben und im 18. Jh. nach San Pietro umgesiedelt wurden.

Der Hauptort *Carloforte* ist ein Fischerort mit viel Charme und Flair. Bademöglichkeiten bieten einige wenige Buchten zwischen den imposanten Klippen aus vulkanischem Basalt. Ca. 12 km sind es zum Leuchtturm am *Capo Sandalo* auf der Westseite. Der atemraubende Ausblick von den Klippen wird nur noch von einer Abkühlung in der kleinen Felsbucht *Cala Fico* getoppt. Doch nach Carloforte kommt man nicht zum Baden, sondern der besonderen Küche wegen: Hier wird seit alters *tonno* (Thunfisch) gefangen und in zahlreichen Restaurants angeboten. Zwei ausgewählte Adressen sind das *Al Tonno di Corsa (Mo geschl. | Via Marconi 47 | Tel. 07 81 85 51 06 | tonnodicorsa.com | €€)* im Zentrum der Altstadt und *Da Nicolo (Mai–Okt. tgl. | Corso Cavour 32 | Tel. 07 81 85 40 48 | ristorantedanicolo.com | €€€)*.

Bevor es zurück auf die Fähre geht, musst du dir noch eine Spezialität an Bord mitnehmen, die du nur in Carloforte bekommst: Focaccia, die lecker-

Einer der schönsten Strände der Insel ist die wüstenartige Spiaggia di Porto Pino

fettigen Teigfladen aus Ligurien, haben auf der Insel Tradition. Besonders gut z. B. im *Panificio Biggio (tgl. 8–13 Uhr | Via Matteotti 19).* 🕮 B12–13

CAGLIARI

(🕮 E12) **In der ★ Hauptstadt Sardiniens leben, zusammen mit den Vororten, die sich nahtlos anschließen, 430 000 Menschen – fast ein Drittel aller Sarden.**

Das alte Cagliari liegt beherrschend auf einem Felsplateau über der Ebene des Campidano, die hier in Lagunenseen und Salzseen in den weit geschwungenen Golf von Cagliari ausläuft. Als vor rund 2700 Jahren die Punier aus Nordafrika in Sardinien landeten, war „Karalis" mit seinem Naturhafen eine ihrer ersten Gründungen.

WOHIN ZUERST?

Folg stur der Beschilderung „Centro/Via Roma"; so landest du am Hafen, hinter dem sich das historische Zentrum ausdehnt. Ideal als Ausgangspunkt ist der große, gebührenpflichtige Parkplatz hinter dem Bahnhof. Von dort sind es nur wenige Schritte zur Prachtmeile **Via Roma.** Von hier tauchst du in die Gassen des Marinaviertels ein, durch das es hinaufgeht zum alten Herrschaftsviertel Castello, um das sich die drei historischen Viertel Marina, Stampace und Villanova reihen.

Jede Periode hat ihre Spuren im Stadtbild hinterlassen; für die Römer war es ein Kinderspiel die punischen Hinterlassenschaften für sich zu nutzen und nochmals aufblühen zu lassen. Die Pisaner und Spanier erschufen das mittelalterliche Burgviertel Castello mit dem Dom, die Paläste von Erzbischof, Vizekönig und Adelsfamilien. In der Unterstadt dominieren heute barocke Fassaden und Kuppeln. Weil den meisten Cagliaritanern der Aufstieg auf den Burgberg zu mühsam ist, findet das Leben heute drum herum statt, in den Stadtvierteln Stampace, Villanova und Marina.

SIGHTSEEING

CASTELLO

Die Altstadt auf dem Berg ist wie eine Burg befestigt. Noch wie vor Jahrhunderten geht es durch eins der drei Stadttore in die dunklen, engen Gassen, wo Wäsche flattert, Fernseher plärren und Essensduft aus klappernden Fenstern zieht – genau so, wie man sich Süditalien vorstellt. Die beiden hohen Verteidigungstürme, die *Torre San Pancrazio* und die *Torre dell'Elefante* mit ihrem Steinelefanten, sind Werke pisanischer Architekten des Hochmittelalters. Erstere ist auch heute noch der höchste Punkt der Stadt. Die strahlend weiße Freiterrasse *Bastione di Saint Remy* wurde hingegen erst im 19. Jh. geschaffen und bietet einen phantastischen Rundblick.

Casteddu nennen die Sarden ihre Hauptstadt – für die Cagliaritaner ist es nur die Bezeichnung für ihren Burgberg. Vereinzelt findet man jun-

Die weiße Marmorfassade von Cagliaris Dom stammt von – man glaubt es kaum – 1933

ge Kunsthandwerker und Restauratoren in den dunklen Straßen. Palazzi mit Ausblick sind heute schicke Altbaulofts, dazwischen bewohnen noch die alten Stadtbewohner die einstigen Prachtbauten mit ihren engen Höfen. Die breite Via Martini vermittelt noch ein Bild alten Glanzes. Sie verbindet die Kathedrale und den Bischofspalast mit der Piazza Indipendenza an der Torre San Pancrazio.

Der Aufstieg zum Burgberg ist steil und schweißtreibend. Mit ein bisschen Glück funktioniert einer der drei etwas versteckten Fahrstühle, die zum Castello hinaufführen. So kann man das Viertel auch in der Sommerhitze besuchen, ohne aus der Puste zu kommen. Sie befinden sich oberhalb der Piazza Yenne bei der Kirche Santa Chiara sowie am Viale Regina Elena einmal nahe der Bastione Saint Remy und einmal unterhalb der Piazza Palazzo.

INSIDER-TIPP
Mit dem Stadtbus auf Stadtrundfahrt

Alternativ zum Aufzug kannst du auch die kleine Stadtbuslinie 7 nehmen: Sie bringt dich von der Piazza Yenne nicht nur problemlos ins Castello-Viertel – wenn du einfach sitzen bleibst, hast du eine kleine Rundfahrt durch das wenig bekannte Villanova-Viertel für schlappe 1,30 Euro inklusive.

DOM SANTA MARIA

Mitten im Gassengewirr öffnet sich ein Platz mit mehreren Herrschaftspalästen, dazwischen eine leuchtend weiße Marmorfassade. Sie sieht aus wie aus dem Mittelalter, stammt aber von 1933, als Teile der alten Barockfassade abgekracht waren. Das Innere ist echt: feinster schwerer, pompöser Knorpel-

barock. Die zahlreichen spanischen Inschriften zeugen von der einstigen Zugehörigkeit zum spanischen Weltreich. Steig unbedingt hinunter in die Krypta mit ihren 300 Grabkammern. Im Barockgewölbe sind 600 unterschiedliche Rosetten eingemeißelt – großartig! Am Eingang zum Dom steht die marmorne Guglielmo-Kanzel mit Reliefs aus dem Leben Jesu, die 1159–1162 für den Dom in Pisa geschaffen wurde. Als dort 1311 die Kanzel von Giovanni Pisano vollendet wurde, schenkte man das ältere Stück Cagliari. *Tgl. 9–20 Uhr | duomodicagliari.it* | ⏲ *30 Min.*

MUSEO ARCHEOLOGICO NAZIONALE ☂

Die umfassendste Sammlung vorgeschichtlicher und antiker Funde Sardiniens ist in der neuen ☂ *Cittadella dei Musei* (die außerdem eine Pinakothek mit sardischer Malerei des 16./17. Jhs. und drei weitere Museen beherbergt) am höchsten Punkt der Stadt untergebracht und führt chronologisch durch die geschichtlichen Wirren der Insel. Den meisten Raum nimmt die Nuraghenkultur ein; beeindruckend ist die Sammlung der kleinen Bronzestatuetten. Wäre man nicht im Museum, so könnte man annehmen, dass die Bronzemannschaft Statisten für einen Science-Fiction-Film wären – dabei hatten sie eine viel edlere Aufgabe: Die Krieger, Hirten, Tiere und Gottheiten wurden als Weihgaben in Gräber oder Brunnenheiligtümer gelegt.

Wirklich überwältigend ist die lang ersehnte Ausstellung der sogenannten *Giganti di Mont'e Prama.* Aus 15 000

Fragmenten haben Archäologen 38 ca. 2 m große, fast 3000 Jahre alte Sandsteinstatuen wieder ins Leben gerufen – ein für den ganzen Mittelmeerraum einzigartiger Fund. *Piazza Arsenale | Mi–Mo 9–20 Uhr | museoarcheocagliari.beniculturali.it*

HORTUS BOTANICUS KARALITANUS

Westlich der Innenstadt und unterhalb des Amphitheaters gelegen, bietet der Botanische Garten einen guten Überblick über die sardische und mediterrane Flora. Überall blüht und grünt es und vor der Sommerhitze schützen Schirmpinien, Palmen und riesige Kakteenbüsche. *Via Sant'Ignazio da Laconi | Di–So 9–18, Winter 9–14 Uhr | sites.unica.it/hbk | ⏲ 1 Std.*

ESSEN & TRINKEN

Essen gehen in Cagliari ist immer ein Erlebnis. Es gibt alle Nuancen an sardischer Küche: Traditionelles und Experimentelles, Zutaten aus dem Meer und den Bergen. Wenn du spontan losziehen willst, sind das Marinaviertel mit der Via Sardegna und die Fußgängerzone Corso Vittorio Emanuele II der beste Tipp. Wenn die Touristenströme in den Sommermonaten die Restaurants im Zentrum in Beschlag nehmen, verziehen sich die Cagliaritani gern ins Viertel Villanova rund um die Piazze San Domenico, San Giacomo und Garibaldi, wo sich eine kleine Restaurant- und Kneipenszene etabliert hat.

INSIDER-TIPP
Wo die Cagliaritani tafeln

DAL CORSARO

Wunderschöne Jugendstileinrichtung prägt das schicke Lokal. Traditionelles Angebot in moderner, phantasievoller Zubereitung, denn bei Sternekoch Stefano Deidda isst das Auge mit. Günstige Mittagsmenüs im dazugehörigen *Fork Easy Restaurant.* Unbedingt reservieren! *So geschl. | Viale Regina Margherita 28 | Tel. 38 95 64 41 35 | stefanodeidda.it | €€€*

ANTICA CAGLIARI

Edlen Fisch und feine Weine gibt es in dieser Institution im Marinaviertel. Und auch die tollen Pastagerichte, z. B. *strozzapreti* mit Seeigelcreme oder *fregola* mit Scampi, sind außergewöhnlich. Neu ist die Filiale am Stadtstrand Poetto *(Viale Lungo Mare Poetto 238 | Tel. 07 06 49 95 63). Tgl. | Via Sardegna 49 | Tel. 07 07 34 01 98 | anticacagliari.it | €€–€€€*

RISTORANTE CALAMOSCA

Gourmetküche mit Schwerpunkt Fisch und edelstem Strandblick auf die gleichnamige Bucht. Nicht verwechseln mit der angesagten Lounge- und Sunsetbar *Le Terrazze (terrazzecalamosca.com)* gleich daneben! *Tgl. | Viale Calamosca 50 | Tel. 35 17 03 07 17 | ristorantecalamosca.com | €€€*

GINTILLA

Vegetarisches gibts fast in jeder Trattoria, aber bei vegan wirds schwierig. Dieses kleine, elegante Restaurant ist daher etwas ganz Besonderes im sonst so fleisch- und käselastigen Sardinien. Ausgefallene Küche, alles bio. *Mo geschl. | Corso Vittorio Emanuele II*

210 | Tel. 070 68 06 65 | gintilla.com | €€

SHOPPEN

In Cagliaris beiden Haupteinkaufsmeilen Via Garibaldi und Via Manno gibt es eine bunte Mischung von den üblichen internationalen Ketten und alteingesessenen kleineren Mode-, Schuh-, Dessous-, Hut- und Krawattengeschäften. Das traditionsreiche Kaufhaus *La Rinascente (tgl. 10–21 Uhr)* an der Via Roma versammelt auf vier Etagen neben dem klassischen Kaufhausangebot zahlreiche italienische Design- und Modelabel, Schuh- und Parfummarken. Das Schönste ist jedoch das *Café* in der obersten Etage, von dem du zum Cappuccino einen wunderbaren Ausblick auf den Hafen genießt. Leckereien aus ganz Sardinien gibt es in der riesigen *Markthalle San Benedetto*. Lohnend sind außerdem die Gold- und Silberschmieden im Marinaviertel *(Via Sardegna, Via Manno)* und im Castelloviertel.

STRÄNDE

Hinter der Halbinsel von Capo Sant'Elia im Südosten beginnt der fast 10 km lange Sandstrand *Poetto* (Stadtbusverbindung, alle Linien mit „P" fahren dorthin) mit typisch italienischem Strandleben: Lidobetrieb, Bars und Restaurants. Angesagt sind vor allem die abendlichen Sundowner und nächtlichen Beachpartys am *Poetto di Quartu* mit trendigen Badehütten wie *Belvedere Beach (belvedere beachpoetto.it)*, *Aqua (aquapoetto.club)*, *Frontemare (frontemaresardinia.com)* und die Eventlocation *Operà (opera beach.com)*.

AUSGEHEN & FEIERN

Zu den heißen Cagliaritaner Nächten wird fast immer rund um die Piazza Yenne und den Corso Vittorio Emanuele II vorgeglüht. Anschließend strömen Nachtschwärmer Richtung Poetto, z. B. in die Disco des Strandbads *Il Lido (lidocagliari.com)*, wo hoch überm Meer getanzt wird.

RUND UM CAGLIARI

13 COSTA DEL SUD

52 km bis Torre di Chia südwestlich von Cagliari/1 Std. über die SS 195

Die ersten 12 km führen über die schmale Landzunge, die das offene Meer von den Lagunenseen und Salinen trennt, wo Hunderte von Flamingos stehen, man aber auch das Industriegebiet nicht übersieht. Dann treten die Sulcisberge an die Küste heran.

Bei Pula liegt auf einer kleinen, idyllischen Halbinsel die römisch-punische Hafenstadt *Nora (tgl. 10–16.30, April–Sept. bis 18.30 Uhr | nora.sardegna.it)* mit Säulen, Tempelresten, Mosaiken und eindrucksvollem antikem Theater. Über der antiken Stadt erhebt sich an der Spitze der Halbinsel ein Sarazenenturm aus dem 16. Jh., der auf den Resten der phönizischen Akropolis

Säulen, Mosaiken, Tempelreste: Zeitreise in den römischen Ruinen von Nora

steht. Von hier hast du einen herrlichen Blick auf den gesamten Golf von Cagliari, die Lagune und die antiken Mauerreste. Gleich neben der Ausgrabungsstätte lockt die schöne *Spiaggia di Nora* zum Bad.

Santa Margherita di Pula ist eine Strandsiedlung in einem 5 km langen Pinienhain. Villen und Hotels der oberen Preisklasse, Feriendörfer und Campingplätze wechseln sich ab, wunderschöne freie Strände und ausgerüstete Lidos, wo von der Bar bis zum Surfbrettverleih eigentlich alles zu finden ist.

Wenn du denkst, schöner geht es eigentlich nicht, dann bist du noch nicht in ★ *Torre di Chia* angekommen. Der Strand von Torre di Chia und vor allem die *Spiaggia Su Giudeu* in der anschließenden Bucht mit kleinen Lagunen wirken wie ein Traumbild: Dünen mit Wacholdersträuchern, Rosmarinbüschen und Oleander, am Kap ein Sarazenenturm, in seinem Schatten die Mauerreste der Römerstadt Bithia. Wem der Trubel an den Hauptstränden zu viel ist, der ist an den kleineren Buchten *Sa Colonia* oder *Su Portu* genau richtig.

Wenn du dich an diesem Strandparadies nicht sattsehen kannst, folg den Ausschilderungen weiter bis *Cala Cipolla*. Vom dortigen Parkplatz geht es zu der kleinen, fjordartigen Traumbucht, die Wellenreiterherzen höher schlagen lässt. Weiter an der Küste entlang führt ein Feldweg durch Wolfsmilchgestrüpp zum Leuchtturm von *Capo Spartivento* – hier überblickst du wie die alten Leuchtturmwärter und die Gäste der Luxusherberge die gesamte Küste. Noch Zeit? Dann folg dem holprigen alten Küstenweg noch eine halbe Stunde bis zur *Spiaggia di Ferraglione* – in der einsamen, kieseligen Bucht kannst du im Wortsinn abtauchen: Die Unterwasserwelt, die du hier mit Maske und Schnorchel erleben kannst, ist grandios!

INSIDER-TIPP
Einfach abtauchen

Die Straße verläuft weiter an der Küste, das helle Sandband von *Tuerredda* kennst du sicher schon von unzähligen Postkartenmotiven: eine Sandzunge mit Premiumpanorama – im Sommer ist hier mächtig was los, deswegen musst du deinen Platz im Paradies unter *tuerredda.spacli.it* vorbuchen. An den nachfolgenden Bachmündungen finden sich kleine Strandbuchten mit Tamarisken; Wege und Pisten führen zum Vorgebirge *Capo Spartivento* und zum *Capo Malfatano.* An der tiefen Bucht Porto di Teulada verlässt die Straße die Küste und führt nach *Teulada,* einem großen Bauerndorf inmitten üppiger Orangengärten. Durch steiniges Bergland geht es weiter Richtung Santadi. Auf halber Strecke darfst du die Tropfsteinhöhle *Grotta Is Zuddas (tgl. 10.30, 11.15, 11.45, 12.30,15, 15.45, 16.30, 17.15 Uhr | grotteiszuddas.com | 1 Std.)* nicht rechts liegen lassen! Ihre kreuz und quer gewachsenen weißen Kristallspitzen sind absolut sehenswert. Am Eingang befindet sich das gleichnamige einladende Gartenlokal in stiller Natur. Weinfreunde müssen in der *Cantina Santadi (Via Giacomo Tachis 14 | Tel. 07 81 95 01 27 | cantinadisantadi.it)* vorbeischauen: Dort gibt es den weltweit begehrten Kultwein Terre Brune aus der Carignanotraube zu vergleichsweise zivilem Preis. *D–E 13–14*

INSIDER-TIPP
Spitzenwein zum Spitzenpreis

14 MONTE ARCOSU

32 km westlich von Cagliari/50 Min. durchs Industriegebiet am Stagno di Cagliari

Westlich der Hauptstadt dehnt sich das menschenleere, kaum zugängliche Sulcisgebirge aus, das als Naturpark unter Schutz steht. In ihm versteckt sich das nur am Wochenende geöffnete *WWF-Schutzgebiet Monte Arcosu (Sa/So 9–17, Sommer bis 18 Uhr | oasidelcervoedellaluna.it),* das dem vom Aussterben bedrohten *cervo sardo,* dem kleinen sardischen Hirsch, ein Überlebensrefugium bietet. Am Eingang zum Reservat beginnen zwölf ausgeschilderte, ein- bis sechsstündige Wanderwege aller Schwierigkeitsgrade und gibt es einen E-Bike-Verleih. *D12*

15 SAN SPERATE

22 km nördlich von Cagliari/25 Min. über die SS 131 und die SP 4

Sobald man die Hauptstraße des Dorfs verlässt, leuchten einen von den Mäuerchen der alten Bauernhäuser *murales* an. Das Bemalen der Fassaden ist hier nicht Ausnahme, sondern die Regel, und das seit 1968. Auch Skulpturen des in San Sperate geborenen, international bekannten Bildhauers Pinuccio Sciola stehen hier wie in einem Freilichtmuseum. *E12*

VILLASIMIUS

(F13) **Aus dem ehemaligen ★ Hirtendorf ist über die Jahre ein mondäner Ferienort (3700 Ew.) geworden, der zu den beliebtesten Badezielen Italiens gehört.**

Das hat einen guten Grund: Die großartigen Strände sind an Schönheit kaum zu toppen und die meisten überdies so groß, dass hier Tausende Ferien machen können, ohne dass es zu Grabenkämpfen um den besten Platz fürs Handtuch kommt.

Hälse recken, Beine strecken: Flamingo-Workout an der Costa del Sud bei Cagliari

ESSEN & TRINKEN

PRIMO MOLO

Die angesagteste Sundowner-Location am Platz! Direkt am Yacht- und Fischerhafen gelegen, kannst du hier mit soliden *Aperitivo*-Tellern und bei DJ-Musik der Sonne gute Nacht sagen. Die besten Plätze besser reservieren! *Tgl. | Tel. 33 36 87 54 15 | primomolo.it | €€*

DA BARBARA

11 km westlich bei Solanas, ist das Lokal seit Generationen ein Ziel für frischen Fisch und lockere Stimmung. Ohne Reservierung geht nichts! *Außerhalb der Saison Mi geschl. | Tel. 0 70 75 06 30 | €€*

STRÄNDE

Kein anderer Ort hat so viele und unterschiedliche Strände. Ein Postkartenidyll zwischen Meer und Lagunensee ist *Porto Giunco* (Anfahrt über die Straße zum Capo Carbonara, vor dem Hafen links ab). Der herrliche Strand *Punta Molentis* nahe der SP 18 Richtung Costa Rei – eine kleine Bucht, dahinter Granitwüste – verbindet das Land mit einem vorgelagerten Felsinselchen. Weil er so beliebt ist, ist der Zugang begrenzt – also rechtzeitig unter *pass.brav.it/Villasimius/Frontoffice* einen Parkplatz buchen! *Campus* heißt die schöne Sandbucht vor dem Hotel Cormoran an der SP 17 Richtung Cagliari. Sanft geschwungen und von Felskliffen umrahmt ist die lange *Cala Pira* an der SP 18 Richtung Costa Rei.

An der Wahnsinnsbucht *Cala Sinzias* mit goldgelbem Sand und türkisblauem Wasser gibt es vier Strandbars, alle mit großartigem Blick und Lidoservice für jeden Geldbeutel: Das familienfreundliche *Tamatete (lidotamatete.it)*, das hipsterhippe *Is Fradis (isfradisbeach club.com)* und das bodenständige Meerblickrestaurant *Il Galeotto (Facebook: ilgaleotto98)*. Die schneeweiße Traumlocation *Maklas (maklas.it)* ist so schön, dass sich hier unzählige Paare das Jawort geben. Die Bucht von *Monte Turnu* liegt in herrlicher Natur zwischen malerischen Felsklippen. Ein Paradies aus Wacholderbüschen, schneeweißem Sand und seichtem Wasser ist der *Scoglio di Peppino*, ein großer Sprungfelsen, der den Beginn der Costa Rei markiert.

RUND UM VILLASIMIUS

16 COSTA REI

22 km nördlich von Villasimius/ 30 Min. über die Küstenstraße

Bis auf eine Feriensiedlung mit unendlich vielen Ferienhäusern und Apartments sowie ein paar Läden und

Endlose Sandstrände prägen die Costa Rei an Sardiniens Südostzipfel

Geschäften gibt es hier nur eins: Strand, Strand und noch mal Strand. Das Familienparadies gehört zu den beliebtesten Badezielen der Insel. Nördlich der Landzunge des Capo Ferrato schließen sich noch die endlos weiten, grauen Strände von *Feraxi* und *Colostrai* an. Genug vom (Sonnen-)Baden? Dann ab auf die Felszunge von *Capo Ferrato,* wo ein holpriger Weg bis zum alten Leuchtturm führt. Romantik pur! Etwas anspruchsvoller ist der Aufstieg auf den *Monte Ferru;* in vier Stunden kannst du den imposanten Berg erkraxeln. Beide Touren starten am Parkplatz von Porto Pirastu und sind gut ausgeschildert.

Sehr bescheiden ist der kleine Kräuterladen *Erbe di Brai Loi (Feraxi | hof-brailoi.net)* von Hans Peter Meier: Ein paar Gewürzsäckchen und Kräutersalzmühlen auf einem ausrangierten Displaystand, das war's. Kein Hofladen mit schickem Shopdesign und geregelten Öffnungszeiten, stattdessen Chili, Lorbeer, Rosmarin, Minze und Majoran oder Balsamtee mit Myrte, alles aus biodynamischem Anbau. Wer bei dem Schweizer Auswanderer einkaufen möchte, fährt bis zum Hoftor und muss so lange hupen, bis jemand aufmacht. Dafür gibts Premiumqualität zum Erzeugerpreis. *F-G12*

INSIDER-TIPP
Biotee spricht Schwyzerdütsch

17 MURAVERA

40 km nördlich von Villasimius/45 Min. über Olia Speciosa und die SS 125 var

Das Dorf liegt an der Mündung des Flumendosa und ist von üppigen Orangenhainen umgeben. Mit seinen flachen Häusern ohne Fenster wirkt der Ort zuerst abweisend – das Leben spielte sich früher in den Innenhöfen ab. Doch genauer hinzuschauen lohnt sich: Hinter den hohen Mauern der alten Herrenhäuser verbergen sich wahre Schätze. Den besten Blick auf die Küste hast du vom alten Wachturm *Torre Salinas* aus: einfach kurz nach dem gleichnamigen Campingplatz parken, den kleinen Privatweg entlangspazieren und den Berg bis zum Aussichtspunkt hochkraxeln. *F-G11*

18 PARCO DEI SETTE FRATELLI ★

60 km nordwestlich von Villasimius/ 1 Std. 20 Min. über die Schnellstraße Richtung Muravera und die SS 125 Richtung Burcei bis km 30,1

Eines der schönsten Familienwander- und MTB-Gebiete Sardiniens ist dieser mit anspruchsvollen Wegen durchzogene Naturpark. Idyllische Rastplätze laden zum Picknicken ein und ein Lehrpfad durch den *Giardino Botanico di Maidopis (tgl. 7–15, Mai–Sept. bis 18 Uhr)* stellt die Pflanzenwelt der Region vor.

Eine ambitionierte Spazierrunde ist die Tour 812 zu den Steintürmen Perda sub'e Pari. Die komplette Tour bis zu den Bergspitzen der Sette Fratelli (Markierung 800) ist eine schöne Tageswanderung mit vielen tollen Ausblicken. Eine Wanderkarte gibts am Besucherzentrum und beim *Museo del Cervo Sardo (tgl. 8–15 Uhr | short.travel/sar9),* das über den sehr seltenen Sardischen Hirsch informiert. *F12*

DIE OSTKÜSTE

TIEFE CANYONS UND PHANTASTISCHE STRÄNDE

Die *Orientale Sarda,* die Staatsstraße 125 im Osten der Insel, ist die Traumstraße für Motorrad-, Cabrio- und Sonntagsfahrer. Seit viele Umgehungen um die alten Dörfer herumführen, kannst du hier ungestört cruisen. Nur zwischen Baunei und Dorgali teilen sich Biker und weidende Kuhherden die engen Kurven durch die Berge.

Nur ein paar unwegsame Canyons führen hier bis an die Küste und enden in Buchten, die zu den schönsten Badeplätzen des Mittelmeers

„Ein Traum!", „Großes Kino!", „Der Hammer!": Wie ist dein Kommentar zur Cala Luna?

zählen. Weiter südlich liegt die flache Ebene von Tortolì mit ihren unzähligen schönen Stränden. Südlich von Bari Sardo reichen die mächtigen, porphyrroten Berge des Capo Sferracavallo mit ihren phantastischen Marslandschaften bis ans Meer heran.
Nördlich von Orosei wechseln sich pinienbestandene, weiße Sandbuchten mit Klippen ab. Wer sich nicht zwischen Bergen und Meer entscheiden mag, ist in dieser Ecke richtig, denn hier kann man an einem einzigen Tag wandern, klettern, Boot fahren und baden.

DIE OSTKÜSTE

MARCO POLO HIGHLIGHTS

★ **TRENINO VERDE**
Die Fahrt in die Berge bis Sadali oder Gairo ist die spektakulärste Strecke der Schmalspurbahn ➤ S. 105

★ **GOLA GORROPU**
Die über 200 m tiefe, manchmal nur wenige Meter breite Schlucht ist der Grand Canyon Sardiniens ➤ S. 107

★ **GROTTA DI ISPINIGOLI**
Phantastische Tropfsteingebilde und ein fast 40 m hoher Stalagmit ➤ S. 106

★ **CALA GOLORITZÈ**
Der vielleicht schönste Strand Europas ist nur zu erwandern ➤ S. 103

★ **CAPO COMINO**
Unendliche schneeweiße Dünenstrände ➤ S. 108

Posada
9
San Giovanni
Torpè
9 La Caletta
Lodè
Thiniscole/
Siniscola
9 Capo Comino
10 Monte Albo
131 dir
Lùvula/Lula
Cala Liberotto
120 km, 2¼ Std.
Irgoli
Lòcula/Loculi
Oniài/Onifai
Garteddi/Galtellì
Orosei
S. 107
29 km, 40 Min.
Grotta di Ispinigoli
6
5 Parco Museo S'Abba Frisca
Dorgali
S. 105
Cala Gonone
S. 105
8 Tiscali
Golfo di Orosei
77 km, 1¾ Std.
7 Gola Gorropu
1 Cala Goloritzè
Orthullè/Urzulei
1 Su Golgo
Talana
Triei
85 km, 1¾ Std.
1 Baunei
Santa Maria Navarrese
S. 102
Biddamanna Istrisàili/
Villagrande Strisaili
Lotzorài
Gelisuli/Girasole
2 Arbatax
Àrthana/
Arzana
Tortolì
Trenino Verde
Elini
Mare
Tirreno
4 Lanusei
Spiaggia Cea
Loceri
Gàiru/
Gairo Sant'Elena
Barì/
Bari Sardo
Òsini/Osini
4 Ulassai
Cardedu
Jersu/
Jerzu
10 km
6.21 mi
3 Marina di Gairo

SANTA MARIA NAVARRESE

(🕮 G9) **In Santa Maria Navarrese (1500 Ew.) endet die flache Küste abrupt an einer karstigen Steinwand.** Vor der Kirche des beliebten Ferienorts mit Privatzimmern, Ferienwohnungen und ein paar netten, ruhigen Hotels thronen mehrere 1000-jährige Olivenbäume. Direkt überm Strand sitzt man in der Bar *L'Olivastro* unter der riesigen Krone eines solchen Baums. Beim Sundowner mit Livemusik auf der Holzterrasse des *Toma (tomaristorante.it)* hoch überm Hafen kannst du dir schon mal das Ausflugsboot ausspähen, das dich am nächsten Tag auf Tour längs der Steilküste bringt, z. B. eins der kleinen Boote von *Fuorirotta (Via Lungomare 47 | Tel. 32 71 97 13 94 | fuorirottacharter.it)* oder die großen Schiffe des *Nuovo Consorzio Marittimo (Tel. 07 82 62 80 24 | mareogliastra.com)*, die im Liniendienst mit verschiedenen Etappenzielen verkehren. Auch die Traumstrände in der Umgebung – neben *Codula di Sisine* u. a. *Cala Mariolu, Cala dei Gabbiani* und *Cala Biriola* – entdeckst du am besten im Rahmen einer Bootstour.

ESSEN & TRINKEN

NASCAR

In dem kleinen Hotelrestaurant sitzt man herrlich im Freien und genießt frischen Fisch und Meeresfrüchte. *Mittags geschl. | Viale Pedras 1 | Tel. 07 82 61 53 14 | nascarhotel.eu | €€€*

RUND UM SANTA MARIA NAVARRESE

1 BAUNEI, SU GOLGO & CALA GOLORITZÈ

9 km nordwestlich von Santa Maria/ 15 Min. über die SS 125

Die Straße nach Baunei klettert in vielen Kurven durch verkarstete Felsen in die Höhe. Der kurze Abstecher zur Felsnadel *Sa Pedra Longa* ist Pflicht! Über 80 m reckt sich der gewaltige Felsturm in den Himmel. Treppenwege führen ans Wasser. Einen Strand gibt es dort zwar nicht, aber herrliche Felsen zum Schnorcheln. Und bei der Hammeraussicht stört es auch nicht wirklich, dass man für ein Terrassenplätzchen in der *Trattoria Pedra Longa (Mai–Okt. tgl. | Tel. 34 71 26 98 18 | €€)* einen kleinen Aufpreis zahlt.

Das Bergdorf *Baunei* zieht sich längs der Straße auf einer schmalen Terrasse hoch über der Ebene, überragt von Felswänden. Am sagenhaften Ausblick von den Bars entlang der Durchgangsstraße können sich selbst die Einheimischen nicht sattsehen.

12 km auf steiler, kurviger Asphaltstraße sind es dann von Baunei auf die Hochebene von *Su Golgo.* Die Straße, die man sich mit Herden tierischer Verkehrsteilnehmer teilt, endet am einsamen Pilgerkirchlein *San Pietro.* Ein ausgeschilderter Pfad führt zu *Su Sterru,* einem enormen, 270 m tiefen Karstschlund. Beste Hirtenküche gibt es in der *Locanda Il Rifugio – Golgo*

Auch die Wildschweine scheinen Gefallen zu finden an der Aussicht bei Sa Pedra Longa

(tgl. | Tel. 36 87 02 89 80 | coopgoloritze.com | €), wo markierte Wege beginnen und geführte Wanderungen, Pferde-, Schlucht- und Klettertouren organisiert werden.

Mit dem Mountainbike erreichst du nach 13 km entlang des gleichnamigen Bachbetts die Traumbucht *Codula di Sisine.* ★ *Cala Goloritzè* ist für viele einer der schönsten Strände der Welt. Den Weg dorthin musst du dir aber hart erarbeiten, denn die Bucht ist nur vom Land aus zugänglich, Boote sind dort komplett verboten. Vom ausgeschilderten, bewachten Parkplatz Su Sinniperu aus geht es in etwa anderthalb Stunden hinab in die kleine Kiesbucht, die von einem Felsbogen eingerahmt und einer 100 m hohen Felsnadel gekrönt wird. Am besten läufst du früh am Vormittag los, denn die Zahl der zugelassenen Besucher der Bucht ist begrenzt (Wärter, Eintritt und gebührenpflichtiger Parkplatz!) und gegen Nachmittag liegt der Strand im Schatten der hohen Berge.
G9

2 ARBATAX

13 km südlich von Santa Maria/ 20 Min. über die SS 125

Das Hafenstädtchen (1500 Ew.) liegt auf einer Halbinsel, deren rote Porphyrklippen eines der Naturwunder Sardiniens sind. Sie stehen etwas im Abseits neben der Einfahrt zum Fährhafen, in dem einmal die Woche die Fähre von Cagliari nach Civitavecchia einen Zwischenstopp macht, in der Hoffnung, damit diese abgelegene Region mit der großen weiten Welt zu verbinden.

Das kleine Arbatax ist nicht zuletzt wegen dieses Fähr- und Industriehafens bekannter als das viel größere *Tortolì* (11 000 Ew.) 5 km landeinwärts, der verschlafene Hauptort der Ogliastra. Tortolìs Fischerkooperative *Ittiturismo*

La Peschiera (in der Saison tgl. | Tel. 32 96 70 30 22 | chioscodiponente.it) bietet im eigenen Strandkiosk *Il Ponente* Unmengen an Fisch und Meeresfrüchten von Muscheln über rohe bis zu überbackenen Austern aus eigenem Fang bzw. eigener Zucht. Der Meerblick zum Essen ist inklusive!

Baden kannst du natürlich, wie das hier alle tun, in der kleinen Bucht von *Porto Frailis* oder ein paar Kilometer weiter südlich an der *Spiaggia di Basaùra*. Überaus malerisch von rund geschliffenen Felsen gesprenkelt ist der kilomerlange, puderfeine, graue Strand *Lido di Orrì* noch etwas weiter südlich. Am schönsten ist aber die *Spiaggia Cea,* eine Sandbucht mit glasklarem Wasser. Für wunderbar ruhige See sorgen die vorgelagerten fotogenen Felsnadeln aus rotem Porphyr, die aus dem türkisblauen Wasser aufragen. *G9*

3 MARINA DI GAIRO

32 km südlich von Santa Maria/ 45 Min. über die SS 125 und den Abzweig hinter Bari Sardo

In der Fels- und Steinlandschaft von Marina di Gairo wirst du aus dem Staunen nicht mehr herauskommen: Vorbei an der postkartenschönen Bucht von *Su Sirboni,* die schneeweiß zwischen den roten Klippen strahlt (ein altes Schild „Al Mare" weist auf den Trampelpfad zum Meer hin), geht es zu Sardiniens größtem Kieselstrand, der *Spiaggia Coccorrocci.* Nur wenige

Was ist denn wohl ein „Kunstbahnhof"? Im Bergdorf Ulassai erfährst du es!

Kilometer im Inland hat die Natur die *Piscine Naturali* von Coccorrocci aus dem Stein geschliffen: natürliche Badebecken, sogenannte Gumpen, und Miniwasserfälle, die durch kleine Wasserläufe miteinander verbunden sind. Ein phantastischer Natur-Wasserpark! *G10*

INSIDER-TIPP
Natürliche Wasserrutschen

4 LANUSEI & ULASSAI

25 km bis Lanusei südwestlich von Santa Maria/35 Min. über die SS 125 und SS 198

Lanusei ist der alte Hauptort der Ogliastra mit phantastischem Fernblick aufs Meer. Mit seinen steilen Straßen und hohen Häusern wirkt er sehr städtisch. Den Hunger stillen kannst du hier z. B. bei einer Portion *culurgiones* im *Ristorante Pizzeria Ka.Mi.Ste. (Mi-Abend geschl. | Via Umberto I 21 | Tel. 078242984 | €)* im Hotel Belvedere.

Eine gute halbe Stunde weiter südwestlich klebt das Bergdorf *Ulassai* spektakulär unter Felszacken am steilen Hang. In den Gebäuden des alten Bahnhofs ist mit der *Stazione dell'Arte (Führungen tgl. 9.30, 11, 13, 14.30, 18, Mai–Sept. auch 19.30, Okt.–April auch 16 Uhr | 1 Std.)* eines der schönsten zeitgenössischen Museen Sardiniens untergebracht. Über 150 Kunstwerke der sardischen Ausnahmekünstlerin Maria Lai sind dort zu sehen. Von Ulassai führt eine schmale Straße durch den Fels hinauf zur Tropfsteinhöhle *Grotta Su Marmuri (Führungen buchen über das Formular auf der Website oder Tel. 078279859 | grottasumarmuri.it | 2 Std.).* Die Grotte ist im Winter geschlossen, um die Fledermauskolonie ungestört überwintern zu lassen. Trotzdem lohnt auch dann die Fahrt nach Ulassai: An der Felswand Lequarci nur 6 km westlich der Ortschaft bildet sich von Januar bis April eine breite Kaskade, die über 70 m in die Tiefe stürzt. *F9–10*

INSIDER-TIPP
Wahnsinns-Winter-Wasserfall

TRENINO VERDE ★

„Grünes Züglein" nennt sich die kleine Schmalspurbahn, die sich in zahllosen Kurven und Kehren durch das wildromantische Bergland schlängelt. Leider werden Fahrplan und Strecke von Saison zu Saison geändert. Am zuverlässigsten ist meist die Strecke von Arbatax nach Gairo in Betrieb. *treninoverde.com* *E–G 9–10*

DORGALI & CALA GONONE

(G8) **Das große Hirten- und Bauernstädtchen *Dorgali* (8600 Ew.) liegt versteckt hinter Bergen und war für Piraten vom Meer aus nicht zu sehen.**

Dafür wird es heute von Outdoorurlaubern überfallen, denn durch einen Tunnel geht es weiter nach *Cala Gonone,* dem Seebad des Orts ohne gigantische Bauten und mit viel Grün. In endlosen Serpentinen führt die großartige Panoramastraße hinunter ans Meer.

RUND UM DORGALI & CALA GONONE

SIGHTSEEING

ACQUARIO DI CALA GONONE

Rochen kraulen oder dem Glatthai tief in die Augen schauen? Im Aquarium mit seinen 24 Becken kommt man der Unterwasserwelt ganz nahe. *Via La Favorita | stark gestaffelte Tage und Zeiten s. Website |acquariocalagonone.it | 1½ Std.*

5 PARCO MUSEO S'ABBA FRISCA

6 km nördlich von Cala Gonone/ 15 Min. über die Via Codula e' Gostui

Ein schönes Ausflugsziel für Familien ist dieses weitläufige Gelände mit seinen Wasserfällen, Teichen und gurgelnden Bächlein. Es erstreckt sich um eine romantische alte Mühle mit Museumsschmiede, historischen Werkstätten und einer Schildkrötenstation. *April/Mai und Okt. geführte Touren tgl. 11, 12, 15, 16, Juni–Sept. 10–18 Uhr | sabbafrisca.com | 1½ Std. G8*

6 GROTTA DI ISPINIGOLI ★

11 km nördlich von Cala Gonone/ 25 Min. über den Museumspark S'Abba Frisca

Mal von oben in eine Höhle hineinzusteigen ist etwas ganz Besonderes, gerade wenn draußen die Sommerhitze steht. Es geht ganz nah an einem 38 m hohen Stalagmiten vorbei – damit ist er einer der höchsten Europas! – in eine Traumwelt von leuchtenden Tropfsteingalerien. Fundstücke deuten darauf hin, dass bereits die alten Phönizier diese Höhle kannten; dass sie hier Jungfrauen geopfert haben sollen, ist allerdings reine Spekulation. *Führungen stdl., April/Mai tgl. 10–12 und 15–17, Juni und Sept./Okt. 10–17, Juli/Aug. 10–18 Uhr | 1 Std. | G8*

ESSEN & TRINKEN

WIKIPIZZA

Hier im Zentrum von Dorgali kannst du auch zum Mittagessen, in Italien eher ungewöhnlich, Pizza bestellen – und alle Zutaten sind ausschließlich sardisch! *Tgl. | Via La Marmora 87 | Tel. 34 90 74 24 13 | wikipizzadavittorio.it | €*

FILIERI TURISMO RURALE

In stiller Alleinlage 5 km südwestlich von Dorgali kommt hier auf den Tisch, was Land und Ställe hergeben. Dazu gibts süffigen Biowein aus dem eigenen Weinberg. Mittags à la carte, abends *menù fisso. Tgl. | Ortsteil Filieri | Tel. 34 72 10 34 31 | turismorurale filieri.com | €€*

STRÄNDE

Der Strand von Cala Gonone ist aufgeschüttet, aber sauber und zum Abkühlen nach einer langen Wanderung herrlich. Ab der Bucht von *Cala Fuili*, dem einzigen Strand am Golf von Orosei mit Straßenanschluss, geht es nur noch zu Fuß nach *Cala Luna* mit ihren spektakulären Felsgrotten im Süden weiter – oder mit dem Shuttleboot.

7 GOLA GORROPU ★

15 km südlich von Dorgali/30 Min. über die SS 125

Bis zu 400 m hoch sind die steilen Wände von Gorropu (auch Su Goroppu oder Su Gorruppu) – eine der tiefsten Schluchten Europas. Einst soll hier der Teufel gewohnt haben, erzählen sich die alten Sarden. Vielleicht waren es aber auch Trolle, die mit den riesigen Findlingen in dem tiefen Canyon Murmeln gespielt haben. Hin kommt man u.a. ab dem Genna-Silana-Pass an der SS 125 in anderthalbstündiger steiler Wanderung oder ab dem Parkplatz S'Abba Arva in etwa zwei Stunden an einem Bach entlang. Auch Jeeptouren werden angeboten. *gorropu.info* | *F8*

8 TISCALI

15 km südwestlich von Dorgali/30 Min. über die SS 125

So spektakulär konnte man sich schon zu Urzeiten verstecken: In diesem eingestürzten Dolmen haben sich vor 4000 Jahren die Nuragher breitgemacht. Einst in einem gigantischen Höhlenraum im Fels für Fremde praktisch unauffindbar versteckt, konnten die Ursarden in ihren etwa 70 Rundhütten die Sommerfrische genießen – um dauerhaft hier zu leben, dazu fehlten Wasser- und Nahrungsquellen. Von Dorgali führt eine Teerstraße bis zur Brücke Ponte Barva, wo dann ein steiniger, zum Teil schwierig zu begehender, gekennzeichneter Fußweg in rund zwei Stunden zu dem steinzeitlichen Höhlendorf führt. Nicht wundern: Auch wenn der Dolmen mitten im Nichts liegt, freut sich ein Kassenwart auf die Eintrittsgebühr *(5 Euro)*. *Tgl. 9–17, Mai–Okt. bis 19 Uhr* | *F8*

OROSEI

(G7) **Hier kann man es eine Weile aushalten: Das schöne Städtchen (6900 Ew.) inmitten der Obst- und**

Cala Fuili ist wie viele der Badebuchten bei Cala Gonone nur mit dem Boot zu erreichen

Gemüsegärten rund um die Mündung des Cedrino hat Kultur und Natur zu bieten.
Die hohen Fassaden der Kirchen über den verwinkelten Gassen beherrschen das Ortsbild. Alles ist recht übersichtlich – lass dich einfach treiben, um die alten Palazzi, Kirchen und Kapellen, die Mauern der mittelalterlichen Burg und den pisanischen Wachturm zu entdecken.

ESSEN & TRINKEN

BELOHORIZONTE

Wunderbare Meeresküche und dazu ein herrlicher Blick über die Stadt. *Tgl. | Via Giuseppe Dessì 25 | Tel. 07 84 99 11 22 | Facebook: riisto.belohorizonte* | €€

SPORT & SPASS

BOOTSAUSFLÜGE

Orosei hat dem gleichnamigen Golf zwar seinen Namen geliehen, aber von hier aus brauchst du schon ein Boot, um an die berühmten Strände zu kommen. Tagestrips (auch von La Caletta und Cala Gonone) bietet *Crociere Cala Gonone (calagononecrociere.it)* an.

STRÄNDE

Zwischen Cedrinomündung und der Bucht von Osalla zieht sich ein breiter Sandstrand mit Strandkiefern hin. Zunächst bevölkern ihn Sonnenschirme der größten Hotelanlagen der Insel, mit etwas Strandwanderergeist und Ausdauer findest du aber weiter südlich fast völlige Einsamkeit. Nördlich der Flussmündung findest du Bucht an Bucht rund um *Cala Ginepro* und *Cala Liberotto* – zu Recht eines der beliebtesten Badeziele an der Ostküste. Ein paar Ferienhäuser und ein paar größere Hotelanlagen zeugen davon, dass auch hier der Tourismus Einzug gehalten hat.

Nördlich davon schließt sich das atemraubend schöne Schutzgebiet *Oasi di Biderosa (Mai–Okt. tgl. 7.30–20 Uhr | oasibiderosa.it)* mit fünf Bilderbuch-Badebuchten an. Hier musst du online reservieren – wenn alle 140 Auto- und 30 Motorradplätze *(12 bzw. 6 Euro)* weg sind, hilft nur noch Beine bewegen: Für Fußgänger und Radfahrer gibt es keine Zugangsbeschränkung. Der Strand von *Berchida* (Abzweig von der SS 125 zwischen Capo Comino und Sos Alinos) ist weitläufig und wirkt fast wild, wenn ab und zu die weißen Kühe des nahen Hofs hier ein Sonnenbad nehmen. Auch von hier kommt man in ca. 20 Gehminuten Richtung Süden zu den Stränden von Biderosa.

INSIDER-TIPP
Numerus clausus – oder zu Fuß

RUND UM OROSEI

9 CAPO COMINO, LA CALETTA & POSADA

34 km bis La Caletta nördlich von Orosei/40 Min. über die Küstenstraße

★ *Capo Comino* ist ein Paradies aus Dünen, Pinien und schneewei-

Gar nicht stachelig, sondern charmant und gastfreundlich: Orosei

ßem Sand, das erst bei S'Ena e Sa Chitta endet. Kilometerweit kannst du hier am Strand oder unter den Pinien wandern. Die von wuchtigen Sarazenentürmen bewachten Dörfer *Santa Lucia* und *La Caletta* sind beliebte Badeorte mit schützenden Piniengürteln. In der schönen, kleinen Feriensiedlung fällst du vom Ferienhaus praktisch direkt an den Strand. La Caletta und Santa Lucia sind auch bodenständige Wassersportparadiese für Surfer, Kiter und (Jollen-)Segler. Boote und Katamarane gibt es samt Kursen im Sportcamp *Amfibie Treks (amfibietreks.de)*, Kitekurse und Material bei *Kitesurf La Caletta (kitesurflacaletta.it)*.

Das schöne mittelalterliche Dorf *Posada* liegt reizvoll auf einem Fels. Was sich da in die Höhe streckt, ist der mächtige Turm des *Castello della Fava (tgl. 9–13 und 15–18 Uhr, im Sommer durchgehend bis 1 Std. vor Sonnenuntergang)*. Beim Aufstieg auf die schwindelerregend hohe Aussichtsplattform bleibt dir vielleicht die Luft, bei dem Hammerblick dann aber auch die Spucke weg! *G6–7*

10 MONTE ALBO

50 km bis Guzzurra/1 Std. über Lula

Dieser mächtige weiße Bergrücken im Inland südlich von Siniscola ist kaum zu übersehen. Motorradfahrer schätzen die verkehrsarmen Kurven an der Nordwestwand des Kalkmassivs, aber nur wenige Wanderer starten an der alten Forststation Cantoniera Guzzurra den zweistündigen Auf- und Abstieg auf die einsame Hochebene der *Punta Su Mutucrone*. Danach ist eine Antipasti-Platte mit Hauswein in der Bar *Locanda Ammentos* (höchst angenehme) Pflicht: *abends und Okt.–Ostern geschl. | Tel. 34 96 35 18 71 | € | F–G7*

INSIDER-TIPP
Erst Aufstieg, dann Antipasti

DAS LANDES-INNERE

BERGE, SCHAFE UND BADEGUMPEN

Die höchsten Gipfel Sardiniens sind mit ihren gut 1800 m nicht außergewöhnlich hoch – ein Riese wird das Gennargentumassiv aber gegenüber dem Umland, den Buckeln und Tälern der Bergwelt der Barbagia, den schroffen Kalkzinnen des Supramonte im Norden und Osten und den weiten Hochflächen und Tafelbergen vulkanischen Ursprungs im Süden.

Barbagia, Land der Barbaren, nannten die Römer abschätzig die Berge und Täler im Herzen Sardiniens, die sie nie richtig erobern konnten.

Das unzugängliche Land der Hirten: Gennargentugebirge

Aber auch den nachfolgenden Herren der Insel waren die Erben der nie Unterworfenen, die sich an keine andere Kultur anpassten und sich dazu auch noch stolz *barbaricini* nannten, ein Dorn im Auge. Geschriebene Gesetze? Pah! Jedes Dorf regelte das Leben auf seine eigene Art – wer das nicht akzeptierte, tat besser daran, sich ein anderes zu suchen. Die Ablehnung des Staats und seiner Institutionen ist daher auch eines der Hauptthemen der *murales,* der Wandmalereien in den Barbagiadörfern.

DAS LANDESINNERE

MARCO POLO HIGHLIGHTS

★ **PUNTA LA MARMORA**
Wanderung zum höchsten Punkt Sardiniens – die Fernsicht ist enorm ➤ S. 121

★ **NURAGHENFESTUNG SU NURAXI**
Aus tonnenschweren Steinen wurden die Mauern und Türme der Königsburg in der Nuraghenzeit aufgetürmt ➤ S. 122

★ **GIARA DI GESTURI**
Das Basaltplateau durchstreifen wilde Pferde ➤ S. 122

★ **SU GOLOGONE**
Die mächtigste Quelle der Insel blubbert gewaltige Wassermassen an die Oberfläche ➤ S. 116

★ **MURALES IN ORGOSOLO**
Die Wandmalereien haben das ehemalige Banditennest in eine große Freilichtgalerie verwandelt ➤ S. 117

Nuoro
S. 114
1 Monte Ortobene
Su Gologone
3
2 Oliena
Oroteddi/
Orotelli
131 dir
Onieri/
Oniferi
7 Orani
Sarule
5 Mamoiada
Murales in Orgosolo
4 Orgosolo
Ortzai/
Olzai
Ollollai/Ollolai
6 Gavoi
Lodine
6 Fonni
70 km, 1½ Std.
100 km, 2 Std.
Orthullè/
Urzulei
Teti
Ovodda
Austis
Tiana/Tiana
Talana
8 Sorgono
8 Tonara
9 Desulo
10 Punta La Marmora
Biddamanna Istrisàili/
Villagrande Strisaili
Brebì/Belvì
Villanova Strisaili
Aritzo
S. 119
Àrthana/
Arzana
Gadoni
120 km, 2½ Std.
Elini
Lanusèi/Lanusei
53 km, 1 Std.
Seulu/
Seulo
Taquisara
Gàiru/
Gairo Sant'Elena
Seui
Òsini/Osini
11 Sadali
Ussassa/
Ussassai
Ulassa/
Ulassai
Istersili/Esterzili
Jersu/
Jerzu
Biddanoa 'e Tulu/
Villanova Tulo
Ìsili/Isili
13 Santuario Nuragico
di Santa Vittoria
Nurri
Serri
Arrolli/Orroli
5 km
3.11 mi

NUORO

(📖 F8) **Nuoro sorgt bei der Anfahrt für Schaudern, doch falscher Marmor der Mussolini-Ära und Betonklötze neuester Zeiten sollten dich nicht abschrecken.**

Zugegeben: Die charmante, fast noch dörfliche Altstadt von Nuoro (37 000 Ew.) musst du in den Häuserschluchten erst mal suchen. Um die Wende zum 20. Jh. war Nuoro noch eine Kleinstadt, wo Großbauern und Lohnhirten in abgetrennten Vierteln lebten. Der Geruch von Schafsmist auf den Straßen verschwand erst nach 1927, als Nuoro zur Provinzhauptstadt wurde. Dank Gericht, höheren Schulen, Gefängnis und Bischofssitz ist es nun der größte Ort in der Barbagia. Für viele junge Bergsarden sind heute die modernen Einkaufszentren im Industriegebiet Prato Sardo ein Fenster zur fernen, modernen Konsumwelt.

SIGHTSEEING

ALTSTADT

Der mit schweren Granitplatten gepflasterte *Corso Garibaldi* führt mitten in die Altstadt hinein. An seinem Ende, auf Höhe der baumbestandenen Piazza Vittorio Emanuele, führt links eine Gasse zur ruhigen *Piazza Sebastiano Satta,* die dem Andenken des aus Nuoro stammenden Dichters der Barbagia gewidmet ist. Das Platzensemble mit den großen Granitfindlingen gestaltete Costantino Nivola. Über die Piazza San Giovanni führt die Via Tola zum neoklassizistischen *Dom Santa Maria della Neve.*

MUSEO D'ARTE DELLA PROVINCIA DI NUORO

Das kleine Provinzmuseum überrascht immer wieder mit gut kuratierten zeitgenössischen Ausstellungen. Zum Repertoire gehören Werke der bekanntesten modernen sardischen Künstler. *Via Sebastiano Satta 27 | Di–So 10–19 Uhr | museoman.it | 1 Std.*

MUSEO DELEDDIANO

Ihre Schilderungen des harten sardischen Lebens brachten ihr als erster italienischer Frau 1926 den Literaturnobelpreis ein. Heute gibt das Geburtshaus der Dichterin eine gute Vorstellung vom Leben und Wohnen einer reichen Familie um das Jahr 1900. *Via Grazia Deledda 42 | Di–So 10–13 und 15–19, Mitte März–Sept. bis 20 Uhr | isresardegna.it | 30 Min.*

MUSEO DEL COSTUME

Das Volkskundemuseum ist eines der schönsten der ganzen Insel. Auch wenn die Beschreibungen nur auf Italienisch sind, übermittelt es durch Fotos, Nachstellungen sardischen Lebens, Sammlungen von Trachten, Schmuck und Brot reichlich Eindrücke. Eine Reise durch die Jahrhunderte Sardiniens! *Via Mereu 56 | Di–So 10–13 und 15–19, Mitte März–Sept. bis 20 Uhr | isresardegna.it | 2 Std.*

ESSEN & TRINKEN

TRATTORIA SARDEGNA

Leckere Hausmannskost zum Spottpreis in einem holzvertäfelten Ambiente wie aus einem 80er-Jahre-Italo-Kitschfilm. *Abends geschl. | Via D'Azeglio 51 | Tel. 32 90 26 74 34 | €*

RIFUGIO

Hervorragende Küche der Region, aber auch Pizza bekommst du in dieser Altstadttrattoria, in der sich gern die Einheimischen treffen. Die uralte sardische Pasta *su filindeu* – eine Art superdünne Spaghetti, die in 256 Fäden gezogen werden – gibts hier in Schafsbrühe. Aus ganz Sardinien kommt man wegen der Spezialität hierher! *Mi geschl. | Via Mereu 28/36 | Tel. 07 84 23 23 55 | trattoriarifugio.com | €–€€*

INSIDER-TIPP
Pasta für Strippenzieher

RISTORANTE CIUSA

Eines der besten Restaurants der Stadt mit hervorragender Weinauswahl. Chef-

Das Ensemble der Piazza Sebastiano Satta: ein Gesamtkunstwerk in Granit koch Franco Fenu hat sowohl Berg- als auch Meeresküche drauf. Bitte Platz im Magen lassen: Vor allem die Nachspeisen sind ein Gedicht! *Tgl. | Viale Francesco Ciusa 55 | Tel. 07 84 25 70 52 | ristoranteciusa.it | €€–€€€*

SHOPPEN

COSTUMENES

Die alte Dame Tzia Mallena stammt aus Orgosolo und führt hier in Nuoro die Geheimnisse der sardischen Stickereikunst weiter – aus ganz Sardinien kommen Schneider her, um die nach uralten Techniken gefertigten Brokate einzukaufen. Hier kannst du prächtige Seidenschals erwerben. *Via Lamarmora 75 | costumenes.com*

RUND UM NUORO

1 MONTE ORTOBENE

6 km östlich von Nuoro/gut 10 Min. über die SS 129 und die SP 42

Eine kurvenreiche Rundstraße führt auf den 955 m hohen Hausberg von Nuoro. Im Schatten von Bäumen und Granitbastionen machen hier viele Nuoresen sonntags Picknick. Oben steht eine Bronzestatue des Erlösers. Nicht vergessen, einmal dem Heiland über den großen Zeh zu streichen – das soll Glück bringen! Der Blick hinunter auf die Stadt und zu den Bergen des Supramonte und Gennargentu ist dann vielleicht schon das erste Stück vom kleinen Glück. *F8*

2 OLIENA

10 km südöstlich von Nuoro/15 Min. über die SP 22

Das Bergdorf (7200 Ew.) ist bekannt für seinen Cannonau-Rotwein Nepente, seine reich bestickten Trachten und seine Spezialitäten. Dank seiner Lage am Fuß des höchsten Supramontegipfels Monte Corrasi (1463 m) hat es sich zu einem Zentrum für Outdooraktivitäten entwickelt. Es besitzt eine gute touristische Infrastruktur, hat sich aber seine Ursprünglichkeit bewahrt.

Hoch über dem Ort am Hang des Monte Maccione – allein schon die kurvige Zufahrt ist spektakulär! – serviert die Kooperative *Enis (mittags geschl. | Tel. 07 84 28 83 63 | coopenis.it | €–€€)* im Schatten von Steineichen traditionelle Küche und leckere Antipasti mit *salsiccia* und Käse. Nach dem reichlichen Essen solltest du dich allerdings nicht mehr auf die knapp fünfstündige Wanderung auf die „sardischen Dolomiten", das Bergmassiv des Monte Corrasi, machen, die genau hinter dem Gasthof beginnt. Frag lieber nach einem der Zimmer mit Zugang zur grandiosen Dachterrasse mit Blick auf Nuoro und starte am nächsten Tag! *F8*

INSIDER-TIPP
Wandern, Wurst und Wein

3 SU GOLOGONE ★

18 km südöstlich von Nuoro/25 Min. über die SP 22 und SP 46

Mehr als 500 l Wasser pro Sekunde spült die mächtigste Quelle Sardiniens an die Oberfläche – tiefes Blau zwischen Kalkfelsen, als würde das Wasser aus einer Bergspalte kommen.

Virtual Reality aus dem analogen Zeitalter: *murale* in Orgosolo

Wasserhähne spenden kühles Trinkwasser, eine kleine Bar offeriert Getränke und Snacks. Ein himmlischer Ort zum Ausspannen! Das inselweit bekannte gleichnamige Hotel ist mit sardischen Antiquitäten und Kunsthandwerk eingerichtet und serviert Barbagiaküche in edlem Gewand. *Mittags geschl. | Tel. 07 84 28 75 12 | su gologonc.it | €€€ | F8*

4 ORGOSOLO

20 km südlich von Nuoro/30 Min. über die SP 58

Sardiniens wohl bekanntestes Dorf! Sogar die großen Ausflugsbusse fahren hin – man muss da gewesen sein, im Ort von Blutrache, Banditen und Rebellion gegen den Staat. Auf den ersten Blick ist es ein ganz normales Dorf mit vielen halb fertigen Neubauten. Ungewohnt wirken jedoch die große Polizeikaserne und die vielen ★ *murales.* Die drücken sehr klar aus, was die Orgolesi beschäftigt: Arbeitslosigkeit und Auswanderung, die soziale Lage der Hirten, die Diskriminierung der Sarden im eigenen Land, die Arroganz der Politiker. Einst nach lateinamerikanischem Vorbild als Protest gegen Armut und Unterdrückung, Polizei, Bürokratie und Militär an die Hauswand gemalt, sind die *murales* auf Sardinien längst weltberühmt.

Über die wildromantische Hochebene Pratobello führt eine schmale Straße in die *Foresta di Montes,* eines der schönsten, ursprünglichsten Gebiete der Barbagia. Sie endet an einer Forststation mit Infopunkt. Von hier geht es zu Fuß durch den Wald bergauf bis zur Quelle *Funtana Bona* mit Picknickeinrichtungen und weiter bis zum markanten Tafelberg des *Monte Novo San Giovanni* (1316 m). *F8*

5 MAMOIADA

20 km südlich von Nuoro/20 Min. über die Schnellstraße SS 389var

Bekannt ist das abgeschieden gelegene Hirten- und Bauerndorf durch seinen düsteren Karneval, den seit Urzeiten die *mamuthones* (mit Fellen und zentnerschwerem Geläut behängte, hinter gruselig verzerrten schwarzen Masken verborgene Wesen) und *issohadores* (bunt gekleidet und hinter weißen, grinsenden Masken verborgen) prägen. Genaueres über diesen uralten Kult erfährt man im kleinen, aber sehr interessanten *Museo delle Maschere (Piazza Europa 15 | April–Sept. Di–So 10–19, Okt.–März 9–13 und 15–19 Uhr | museodellemaschere.it).*

Einer der letzten Maskenschnitzer der Insel ist *Ruggero Mameli (Via Crisponi 19 | mascheremameli.com),* dem du bei der Arbeit in seiner Maskenwerkstatt über die Schulter schauen kannst. Wer sich die Masken vorm Shopping erst in Ruhe ansehen will, kann das zum Beispiel in der Garagenwerkstatt von *Franco Sale (Via Marsala 25 | mamuthonescarrigados.it)* tun, der ein kleines Museum eingerichtet hat.

Masken machen Durst? In der *Cantina Giuseppe Sedilesu (Via Vittorio Emanuele II 64 | giuseppesedilesu.com)* kannst du einen der preisgekrönten Cannonau-Weine kaufen. Eine Flasche Mamuthone macht als Mitbringsel garantiert *bella figura.* *F8*

6 FONNI & GAVOI

33 km bis Fonni südlich von Nuoro/ 30 Min. über die Schnellstraße SS 389var

Fonni ist das höchstgelegene Dorf der Insel. Neubauten mischen sich mit alten Natursteinhäusern. Für Exkursionen ins Gennargentumassiv ist der Ort eine gute Basis. Von der Höhenstraße nach Desulo zweigt eine Stichstraße zum *Monte Spada* (1595 m) ab, die an der Talstation des Skilifts endet. Den Skilift hat man 2022 wieder in Betrieb genommen, Schnee gibts hier in kalten Wintern reichlich. Von hier führt ein Wanderweg bis zur *Punta La Marmora* (hin und zurück ca. fünf Stunden).

Das benachbarte *Gavoi* hat einen freundlichen Ortskern und liegt umgeben von Wäldern und Bergweiden mit hohen Eichen. Das Restaurant *Santa Rughe (Di geschl. | Via Carlo Felice 2 | Tel. 0784 18 31 196 | santarughe.it | €–€€)* im Ort serviert beste sardische Bergküche, aber auch – und sogar mittags! – Pizza. *E8–9*

7 ORANI

20 km südwestlich von Nuoro/25 Min. über die Schnellstraße 389 var

Kaum jemand weiß, dass in diesem eher unscheinbaren Ort der weltbekannte Maler und Bildhauer Costantino Nivola geboren wurde. Aus dem alten Waschhaus des Dorfs ist das *Museo Nivola (Do–Di 10.30–19.30 Uhr | Via Gonare 2 | museonivola.it)* geworden, dessen moderne Anlage mit den ausdrucksstarken Skulpturen und außergewöhnlichen Installationen mithalten kann. Besonders beeindruckend

Rheinischer Frohsinn Fehlanzeige, Düsternis ist Kult: *mamuthones* beim Karneval in Mamoiada

sind die verblüffenden Magna-Mater-Figuren aus schneeweißem Marmor, die bei genauer Betrachtung an Engel erinnern. Außerdem kannst du dir in Orani Cord schneidern lassen: Vater und Sohn Modolo haben das traditionelle Gewebe wieder in Mode gebracht: *Sartoria Modolo (Corso Garibaldi 141 | Facebook)* | *E8*

ARITZO

(E9) **Der Westhang des Gennargentu ist eine grüne Oase mit dichten Kastanienwäldern und Korkeichenhainen.**

Das in 800 m Höhe gelegene Bergdorf (1300 Ew.) ist der quellenreichste Ort Sardiniens und eine traditionsreiche Sommerfrische: Die schöne Lage und gute Luft wusste schon Italiens König Umberto I. zu schätzen. Heute ist Aritzo berühmt für seine Kastanien und für den *Monte Texile,* einen auffälligen Fels, einst Kultstätte der Nuragher.

ESSEN & TRINKEN

DA DADDO

Die erstklassige Pizza und die Gerichte mit Pilzen oder Wildschwein siegen nach dem ersten Bissen über den etwas kühlen Eindruck des Restaurants. *Mo geschl. | Viale Kennedy 14 | Tel. 38 89 28 96 49* | €

SA MUVARA

Ein Klassiker in Aritzo ist das Restaurant dieses Viersternehotels mit seiner hervorragenden Bergküche in einer großen Parkanlage am Südrand des Orts. Am schönsten isst es sich im Sommer unter den Bäumen auf der Piazzetta. *Mai–Nov. tgl. | Viale Kennedy 33 | Tel. 07 84 62 93 36 | hotelsamuvara.com* | €€€

RUND UM ARITZO

8 TONARA & SORGONO

25 km bis Sorgono nordwestlich von Aritzo/45 Min. über Tonara

Zuerst folgt die Straße der Bahn, dann geht es durch Wälder hinauf nach *Tonara.* Der Ort ist auf ganz Sardinien bekannt für die aus Eiweiß, Honig und Nüssen hergestellte süße Köstlichkeit *torrone* und für die hier gefertigten Glöckchen für Ziegen, Schafe und Kühe, deren Klang man überall auf der Insel vernimmt. Auch Teppichweberei und Holzschnitzerei werden hier noch gepflegt und an der Hauptstraße sind Skulpturen aus Holz und Granit von sardischen Künstlern wie Antonio Sini, Tonino Loi und Pinuccio Sciola aufgestellt. In der *Locanda Su Muggianeddu (Fr geschl. | Tel. 0784 63 88 5 | €)* bekommst du echte hausgemachte Bergküche serviert. Unbedingt probieren: den Lammeintopf *agnello in umido!*

Das benachbarte Städtchen *Sorgono* ist berühmt für seinen Mandrolisai, einen ausgezeichneten Rotwein, der nur um Sorgono gekeltert wird. Weinliebhaber sollten deshalb die *Cantina del Mandrolisai (Corso IV Novembre 20 | cantinadelmandrolisai.com)* besuchen, die ihre Weine den zahlreichen Hundertjährigen des Dorfs gewidmet hat. Ob allerdings der Wein für das hohe Alter der Bevölkerung sorgt, ist Spekulation. Schaden wird er, in Maßen genossen, aber wohl nicht bei der Altersplanung. *E9*

9 DESULO

17 km nordöstlich von Aritzo/30 Min. über die SS 295 und die SP 7

Wie andere Barbagiadörfer ist Desulo ein Hort für sardische Kultur und Tradi-

Wie cool ist das denn: In Sadali rauscht ein Wasserfall mitten im Dorf tion. Von wegen Trachten wären total out – die Selbstverständlichkeit, mit der hier noch viele Frauen ihr leuchtend rotes Gewand tragen, beweist das Gegenteil. Bei Genießern ist das Bergdorf außerdem für seine deftigen Wurstwaren bekannt. *E9*

10 PUNTA LA MARMORA ★

22 km östlich von Aritzo/50 Min. bis zum Parkplatz

Bei Tascusì, der Kreuzung der Bergstraßen von Fonni, Desulo und Tonara, nimmst du den Abzweig Richtung S'Arena und fährst bis zur geschlossenen Schutzhütte auf 1510 m. Über den Grat des Arcu Artilai geht es bis zum höchsten Punkt der Insel. Bei der Wanderung auf das „Dach Sardiniens" genießt du bei klarem Wetter eine Aussicht auf die West- und die Ostküste Sardiniens, die ihresgleichen sucht. Wer abends losmarschiert, kann die Sonne im Westen untergehen sehen, an der alten Schutzhütte *Rudere Rifugio La Marmora* (Wasserquelle, Wildschutzzaun) sein Zelt aufschlagen und am nächsten Morgen zum Sonnenaufgang auf die Spitze Sardiniens wandern. Einmalig! *F9*

INSIDER-TIPP
Hier geht dir die Sonne unter und auf

11 SADALI

35 km südlich von Aritzo/50 Min. über die SP 8

Das kleine Dorf liegt am Rand einer weiten Hochebene. Seine alten Häuser staffeln sich am Hang unterhalb des neuen Orts. Gassen führen zu den Gärten und der Wassermühle im Tal, überall blubbern Quellen und Bäche

Zu Risiken und Nebenwirkungen fragen Sie Ihren Zahnarzt: Torrone

und mitten im Ort rauscht der romantische Wasserfall *Cascata di San Valentino* ins Tal.

Noch weitaus spektakulärer ist das Wasserloch *Su Stampu de su Iurrunu:* Hier schießt ein Wasserstrahl tagein, tagaus aus einer Öffnung in der Felswand. Der Abstieg beginnt am Parkplatz der Tropfsteinhöhle *Is Janas (Mai–Sept. tgl. 10–13 und 15–18 Uhr | grottesadali.com).* Ausgezeichnete Bergküche bekommst du dort im bei der Höhle wunderschön in der Natur gelegenen *Ristorante Alle Grotte (geöffnet wie Höhle | Tel. 34 83 95 88 77 | €–€€).* *E–F10*

INSIDER-TIPP
Naturdusche gefällig?

BARUMINI

(🕮 E10) **Das einst unbedeutende Agrarstädtchen erlebt dank seiner Nähe zu Su Nuraxi ein reges Kommen und Gehen von kulturinteressierten Urlaubern.**

Doch schon im Mittelalter hatte Barumini eine weitere Blütezeit; davon zeugen die mächtige Dorfkirche und das mittelalterliche Adelshaus Casa Zapata.

SIGHTSEEING

NURAGHENFESTUNG SU NURAXI ★

Nach tagelangen Regenfällen geriet 1949 ein Hügel ins Rutschen, alte Mauern und Grundrisse wurden sichtbar: Die bei dem Unwetter freigelegte Nuraghenfestung ist so gewaltig, dass sie zum Unesco-Weltkulturerbe gehört. Sie war Burg und Sitz eines mächtigen Stammesfürstentums. Die Zitadelle mit vier Türmen an den Ecken und einem Mittelturm war von einer dicken, turmbewehrten Mauer umgeben, davor lagen die 150 Rundhütten des Dorfs, einige dienten – noch heute deutlich erkennbar – als Werkstätten. Nach den anschaulichen Erklärungen der Guides im ältesten Teil der Siedlung und dem wunderbaren Blick auf die Hügellandschaft der Marmilla sieht man fast die Nuragher durch ihr altes Dorf ziehen. Im Eintritt inbegriffen ist der Besuch des Museums im alten Adelshaus *Casa Zapata*. Unterhalb des Palazzos wurde eine weitere Nuraghe entdeckt, die teilweise freigelegt wurde. Hier kannst du auf modernen Glasbrücken über den neusteinzeitlichen Mauern spazieren. Außerdem beherbergt das kleine Museum eine archäologische und ethnografische Sammlung. *Tgl. ab 9 Uhr, letzte Führung Mai/Juni und Aug. 19, Juli 19.30, April und Sept. 18.30, Okt. 17.30, Nov.–März 16 Uhr | fondazionebarumini.it | ⏲ 1 Std.*

SARDEGNA IN MINIATURA

Ein sardischer Erlebnispark mit Minibaudenkmälern, Dinosaurierpark, Regenwaldreservat, kleinem Zoo, Planetarium und Astronomiemuseum. *Mitte März–Sept. tgl. 9–19 Uhr | sardegnainminiatura.it*

ESSEN & TRINKEN

SA LOLLA

Lecker sardisch schlemmen kannst du unter den Arkaden dieses Restaurants. *Tgl., Nov.–April nur Sa/So | Via Cavour 49 | Tel. 07 09 36 84 19 | €€*

RUND UM BARUMINI

12 GIARA DI GESTURI ★

10 km nordwestlich von Barumini/ 20 Min. über Tuili

Die 12 km lange und 4 bis 6 km breite Basalthochfläche ist mit Macchia und Korkeichen bewachsen. Im Winter bilden sich über dem undurchlässigen Basalt große Wasserflächen. Neben Ziegen, Schafen und halb verwilderten Hausschweinen leben hier rund

600 Wildpferde in Freiheit. Völlige Freiheit? Ja, allerdings sind die Tiere registriert und werden in trockenen Sommern auch mit Wasser aus Tankwagen versorgt, das ist auf der Hochebene in der warmen Jahreszeit nämlich Mangelware.

13 SANTUARIO NURAGICO DI SANTA VITTORIA

20 km östlich von Barumini/ 30 Min. über die SP 5 und SP 9

Die schroffe Basaltebene *Giara di Serri* war eines der wichtigsten Zentren der Nuraghenkultur. Am vordersten Ende

So gut erhalten wie kaum eine andere: die große Nuraghe Su Nuraxi in Barumini

Auf die Giara führen mehrere einspurige Straßen, die besten Ausgangspositionen für eine Erkundung bietet *Tuili* mit seiner wunderhübschen Barockkirche. Durch die engen Straßen des Dorfs folgst du der Ausschilderung „Altopiano della Giara". An einer weiteren Auffahrt vom Ort Gesturi aus geht es nicht nur zu Fuß, sondern auch mit klapprigen Drahteseln weiter – am Parkplatz kann man sich ein Fahrrad beim kauzigen Herrn Asfo leihen. Über eine Spende freut er sich. *D–E10*

der Hochfläche, wo die Kapelle Santa Vittoria über dem flachen Hügelland der Marmilla fast zu schweben scheint, liegt der spektakuläre nuraghische Wallfahrtsort mit Tempelbezirk und einem ovalen Sportplatz, wo man sich im Wettkampf maß. Besonders eindrucksvoll ist das sehr gut erhaltene unterirdische Brunnenheiligtum. *Tgl. 9 Uhr–Sonnenuntergang* | *2 Std* | *E10*

INSIDER-TIPP
Antikes Stadion

ERLEBNISTOUREN

Lust, die Besonderheiten der Region zu entdecken? Dann sind die Erlebnistouren genau das Richtige für dich! Ganz einfach wird es mit der MARCO POLO Touren-App: Die Tour über den QR-Code aufs Smartphone laden – und auch offline die perfekte Orientierung haben.

1 RUNDFAHRT DURCH DIE LÄNDLICHE GALLURA

- Kurven, Kurzwanderungen, Kultur – tolle Abwechslung inklusive
- Picknickstopps und Proviantmöglichkeiten
- Blick auf Nordsardinien von oben und freie Sicht bis Korsika

Start: Arzachena
Ziel: Arzachena
Strecke: ca. 150 km
Dauer: 1 Tag, reine Fahrzeit ca. 4 Stunden

Wer die Tour an einem Mittwoch unternimmt, erlebt den bunten Wochenmarkt in 1 **Arzachena.**

1 Arzachena

Die Landpartie beginnt in der Kleinstadt 1 Arzachena ➤ S.50 – in den Supermärkten und Discountern

Die Traumbadebucht Cala di Luna: Ziel einer wunderbaren Wander-und-Boots-Kombitour

decken sich nicht nur die Reichen und Schönen der Costa Smeralda mit Champagner und Kaviar ein, sondern auch die Einheimischen. Füll deinen Picknickkorb mit Köstlichkeiten – mit Glück auf dem **Mittwochsmarkt**, dessen Stände sich *auf der zentralen Piazza und in den umliegenden Gassen* ausbreiten. Bevor es ab ins Auto geht, darfst du den kleinen Spaziergang zum **Fungo** nicht versäumen, dem gigantischen, nur wenige Hundert Meter vom Zentrum entfernten Granitfels in Pilzform.

7 km

PICKNICKSTOPP AN DER BURGRUINE

Auf der SS 427 startest du dann in Richtung Sant'Antonio di Gallura, biegst aber gleich an der ersten Kreuzung rechts ab auf die SP 14 in Richtung Luogosanto. Nach ca. 4 km folgst du dem Schild „Tomba Coddu 'Ecchju" nach links zum sehr gut erhaltenen steinzeitlichen Großsteingrab ❷ **Coddu 'ecchju** im freien Feld. *Folg dem Sträßlein noch 1 km weiter (Achtung: links halten!)* bis zum imposanten Nuraghenkomplex **La Prisgiona**. *Zurück auf der SP 14 Richtung Luogosanto, liegt nach einigen Kurven durch herrliche Hügellandschaft rechts der Straße* ein schön angelegter, von der mächtigen Krone eines alten Olivenbaums beschatte-

❷ Coddu 'ecchju

13 km

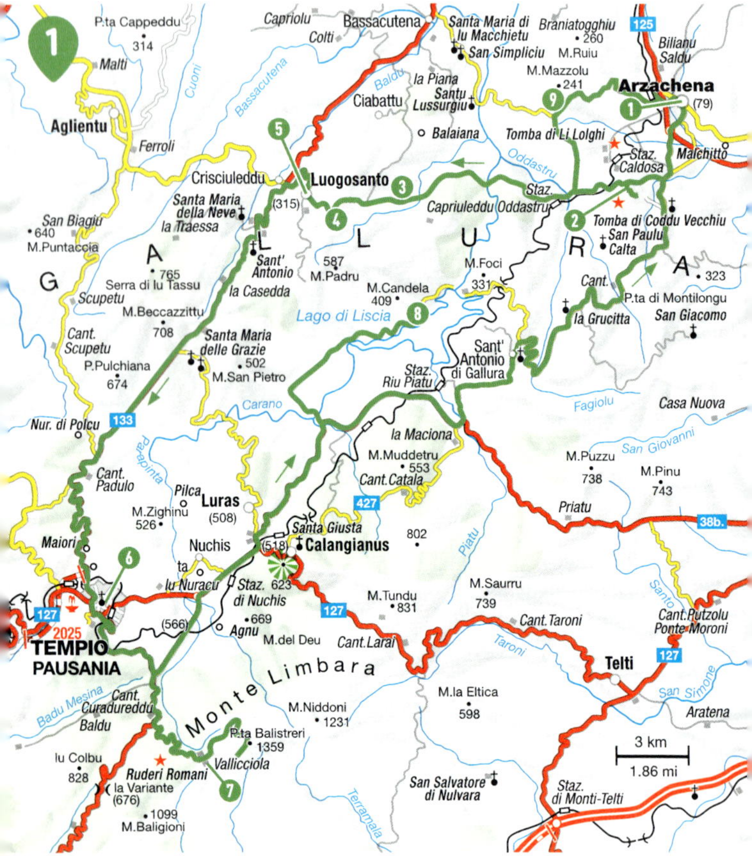

❸ Castello di Balaiana

5 km

❹ San Trano

2 km

❺ Luogosanto

ter Parkplatz mit Picknicktisch und Bänken. Aber erst der Aufstieg, dann das Picknickvergnügen: *Von hier führt ein zwar steiler, aber sehr schöner Pfad hinauf zum* ❸ **Castello di Balaiana** und dem Landkirchlein San Leonardo.

1 km vor Luogosanto geht es dann links ca. 1 km auf schmaler Teerstraße bergauf zur zauberhaften, mitten in einem faszinierenden Felslabyrinth gelegenen Kirche ❹ **San Trano**. Im kleinen Bergdorf ❺ **Luogosanto** ➤ S. 51 („Heiliger Ort") lädt dann die nette Bar **Museum Café** *(tgl. | Via Carducci)* auf der Piazza Martino Cossu zum Kaffee.

Nach Luogosanto führt die SP 14 kurvenreich bergab und trifft kurz darauf auf die SS 133. Hier biegst du links ab Richtung ❻ Tempio Pausania ➤ S. 47. Nach kurzem Bummel durch das freundliche Granitstädtchen *verlässt du den Ort auf der SS 392 Richtung Oschiri. Nach 8 km biegt im Wald eine zweispurige Straße links ab* und führt in unendlichen Kurven hinauf auf den Monte Limbara.

25 km

❻ Tempio Pausania

13 km

ENTSPANNTER GIPFELAUFSTEIG – ABER WAS FÜR EIN BLICK!

Nach 6 km kurvenreicher Fahrt bergauf durch schönste Gebirgsnatur erreichst du ❼ Vallicciola in 1000 m Höhe, wo herrliche Picknickplätze mit kühlem Quellwasser zum Picknick in erfrischender Bergluft einladen. *Danach wird die Straße schmaler und schlechter und führt an der Kapelle Madonna della Neve vorbei.* Von der Wendeplatte am Ende der Straße genießt du einen einmaligen Panoramablick über ganz Nordsardinien. Der kurze Aufstieg auf den Gipfel des Monte Limbara nimmt nur etwa eine Viertelstunde in Anspruch.

INSIDER-TIPP
Gipfelglück für Fußfaule

❼ Vallicciola

39 km

HAST DU JE SCHON SO MAJESTÄTISCHE OLIVENBÄUME GESEHEN?

Dann geht es zurück nach Tempio und weiter auf der SS 127 Richtung Calangianus. Kurz vor dem Städtchen biegst du links Richtung Luras ab und dann gleich an der nächsten Gabelung rechts auf die SP 136 zum Stausee Lago di Liscia. Kurz vor dem Stausee weist ein kleines Schild „Olivastri Millenari" nach links in die SP 137 (Sackgasse!), die am Nordufer des Sees entlang zu den besagten ❽ Olivastri Millenari ➤ S. 46 führt. *Nach gut 5 km parkt man beim Landkirchlein San Bartolomeo. Nur wenige Schritte entfernt* stehen drei uralte, kerngesunde wilde Olivenbäume, darunter einer mit einer 25 m weit ausladenden Krone.

❽ Olivastri Millenari

4000 Jahre sind doch kein Alter: einer der drei Olivastri Millenari

43 km

⑨ Tenuta Pilastru

7 km

① Arzachena

Zurück auf der Hauptstraße geht es über Sant'Antonio di Gallura zurück Richtung Arzachena. Jetzt noch ein wunderbares Abendessen in herrlicher Gallura-Atmosphäre? *Dann folg in Arzachena der Ausschilderung nach Bassacutena und der SP 115. Nach etwa 7 km liegt rechts* romantisch inmitten der Natur das Country-Resort ⑨ **Tenuta Pilastru** *(im Sommer tgl. abends | Tel. 0789 82 9 36 | tenutapilastru.it | €€€)*, das mit hausgemachter Pasta aufwartet. Nach dem Essen sind es dann nur noch *rund zehn Minuten zurück nach* ① **Arzachena**.

② ZU FUSS VON TRAUMBUCHT ZU TRAUMBUCHT

- ➤ Anspruchsvolles Trekking und entspanntes Bootfahren
- ➤ Zehn Kilometer menschenleere Küste erwandern
- ➤ Einmaliger Ausblick auf die Küste durch ein Felsentor

Hafen Cala Gonone

Hafen Cala Gonone

10 km

1 Tag, reine Gehzeit ca. 4 Stunden

mittel

Mitnehmen: Wanderkleidung, Kopfbedeckung, Trinkwasser (unerlässlich!), Proviant, Badesachen, Wanderkarte, eventuell GPS-Gerät – der Weg ist nur teilweise markiert. Gute Kondition und Trittsicherheit sind Voraussetzung, die Felsen können bei Nässe sehr rutschig sein. Wegen der Mittagshitze empfiehlt es sich, möglichst früh zu starten. Am Ende der Tour ist ein Rücktransfer von Cala Luna nach Cala Gonone empfehlenswert, anderenfalls bleibt nur die knapp dreistündige Wanderung entlang der Küste bis nach Cala Gonone. Transfers mit den Ausflugsbooten des *Nuovo Consorzio Trasporti Marittimi (Tel. 0784 93 3 05 | calagononecrociere.it)*. Unbedingt die Fahrzeiten der Boote beachten, sie warten nicht! Mögliche Abfahrtszeiten sind 15.30, 16.30, 17.30, manchmal auch 18.30 Uhr.

Zunächst geht es entspannt vom ❶ Hafen in Cala Gonone *mit dem Boot* entlang der spektakulären Steilküste und vorbei an der Traumbucht Cala Luna, dem Ziel der Wanderung, zur ❷ Cala Sisine mit ihrem bunten, feinkieseligen Strand. *Der Pfad beginnt an dem Gebäude an der Nordseite der Bucht und führt in Serpentinen steil bergauf.* Nach etwa 20 Minuten hast du eine Höhe erreicht, von der sich ein erster herrlicher Blick hinab auf die Cala Sisine und das in Blau- und Türkistönen schimmernde Meer öffnet.

STEIL AUFWÄRTS, ZUM GLÜCK IM WALDSCHATTEN

Dann geht es ein Stück auf gleicher Höhe parallel zur Küste, bevor der Pfad einen dichten Wald erreicht. Gut, dass es hier ein wenig Schatten gibt, denn es geht wiederum mit zahlreichen Serpentinen bis auf 150 m Höhe. Am Ende des Walds erreichst du nach ca. einer Stunde einen felsigen Abschnitt. Hier heißt es durchschnaufen, aber beim Blick hinab auf die Küste und Cala Sisine bitte das Atmen nicht vergessen! *Weiter geht es auf einem relativ ebenen Abschnitt bis zur kleinen Schlucht Girrove Longu, bei der ein zweiter steiler Anstieg durch schattigen Wald folgt. Nach etwa einer Stunde und 45 Minuten erreichst du die* ❸ Culle Sacedderano, eine traditionelle sardische Hirtenhütte mit zwei Zeltdächern aus aufgestapeltem Ginsterholz: ein idealer Ort für eine ausgiebige Rast inmitten schönster Natur. Auf immerhin 530 Höhenmeter hast du es bis hierhin geschafft!

DER SCHEITELPUNKT IST GESCHAFFT

Achtung, nun ist ein wenig Orientierungssinn nötig: Folg dem Pfad, der gleich links kurz hinter der Schutzhütte beginnt und oberhalb der Schlucht verläuft. Nach gut zwei Stunden Wanderzeit erreicht die Tour ihren Scheitelpunkt in 630 m Höhe. Von nun an geht es berg-

❶ Hafen in Cala Gonone

12 km

❷ Cala Sisine

3300 m

❸ Cuile Sacedderano

3700 m

Ab ins Wasser ist die Devise in Cala Luna. Doch, doch: Das gilt auch für die geplagten Füße!

ab! *Zunächst leicht zu einem breiten, weitgehend eben verlaufenden Forstweg, dem du nach rechts folgst.* Dann öffnet sich plötzlich der Blick auf die Küste und das Ziel der Tour, die Paradiesbucht Cala Luna und dahinter in der Ferne auf den Küstenort Cala Gonone. Panorama genießen, noch mal durchatmen und weiter!

❹ S'Arcada S'Architieddu Lupiru

2800 m

❺ Cala Luna

Ab jetzt geht es kontinuierlich bergab. Nach gut drei Stunden Wanderzeit erreichst du rechts vom Weg das Felsentor ❹ S'Arcada S'Architieddu Lupiru. Der Blick durch das Felsenloch ist spektakulär! *Danach geht es stetig bergab durch die von duftender Macchia bedeckte Felsenwelt bis zu einer Senke.* Es kann ja nicht immer nur bergab gehen, oder? *Ein letzter kurzer Anstieg,* dann hast du die ❺ Cala Luna erreicht. Die legendäre Traumbucht zählt zu den schönsten Flecken im Mittelmeerraum: ein fast 700 m langer Bilderbuchstrand, hinter dem sich in den senkrecht aufragenden Felswänden imposante Grotten öffnen. Ein Bächlein spendet Wasser für die Oleanderbüsche an seinen Ufern.

PACK DIE BADEHOSE AUS

Eine kleine Brücke führt hinüber zu einer lauschigen, von Oleander umgebenen Bar mit Ristorante, das kühle Getränke und stärkende Gerichte bereithält. Doch erst mal heißt es Badesachen auspacken, sich ausgiebig in den glasklaren Fluten erfrischen und am Strand erholen, bevor dich das Boot zurück zum ❶ Hafen in Cala Gonone bringt. Auf der Rückfahrt kannst du noch mal sehen, welche Strecke du hinter dich gebracht hast!

7 km

❶ Hafen in Cala Gonone

❸ AUF DEM RAD UM DIE ISOLA SANT'ANTIOCO

- **Einmal um Italiens viertgrößte Insel herum**
- **Strand und Felsen mit dem Rad erleben und Seafood genießen**
- **Romantische Fleckchen zum Träumen und Schwärmen**

Start: Sant'Antioco

Ziel: Sant'Antioco

Strecke: ca. 55 km

Dauer: 1 Tag, reine Fahrzeit ca. 5 Stunden

Schwierigkeit: mittel

Mitnehmen: Badesachen, Kopfbedeckung, Trinkwasser, Karte (empfehlenswert: Carta turistica Nr. 2, Da Santa Margherita a Calasetta, erhältlich unter *sardinienshop.de*)

Die Route ist größtenteils asphaltiert und beinhaltet nur leichte Steigungen. Ein gutes Tourenrad oder Mountainbike ist aber Voraussetzung. Und es kann sehr heiß werden – unbedingt genug Trinkwasser dabeihaben!

Fahrrad- und E-Bike-Verleih: **Euromoto** *(Via Nazionale 57 | Tel. 07 81 84 09 07 | noleggiosantantioco.it)*

Schnell raus aus ❶ Sant'Antioco ➤ S. 86 *auf der Via Nazionale und dann halb rechts auf der Via della Rinascita Richtung Süden.* Die Straße führt zunächst flach an den Salinen und dann weiter an der Küste mit mehreren Badestränden entlang. Jetzt noch nicht schwach werden – *nach 8 km erreichst du den kleinen Badeort* ❷ Maladroxia. Jetzt ist eine erste Badepause erlaubt! Hier ist das Wasser so schön seicht und die See meist so ruhig, dass man auch bei durchwachsenem Wetter gern die Waden kühlt. *Nach Maladroxia macht die Strecke einen kleinen Schlenker landeinwärts und erreicht*

❶ Sant'Antioco

8 km

❷ Maladroxia

4 km

❸ Coaquaddus

6 km

❹ Capo Sperone

9 km

❺ La Tonnara

1 km

❻ Cala della Signora

dann am langen, schönen Sandstrand ❸ Coaquaddus *wieder die Küste.* An der Straße oberhalb des Strands gibts in der Saison eine kleine Bar. *Durch leicht gewelltes Gelände erreichst du die Torre Cannai.* Der Abstecher zu diesem Sarazenenturm (Schild „Turri") ist für Romantiker Pflicht! *Jetzt geht es kurvig weiter über die kleine Siedlung Peonia Rosa zum* ❹ Capo Sperone, der Südspitze der Insel. Abstecher Nummer 2 für Romantiker: ab zu den wild zerklüfteten Küstenklippen des Kaps!

AUF DEN HÖCHSTEN PUNKT DER TOUR FOLGT BADEPAUSE NUMMER ZWEI

Vom Kap geht es zunächst auf einer steilen Schotterpiste, dann asphaltiert gut 8 km landeinwärts Richtung Nuraghe Feminedda. Nach etwa der halben Strecke passierst du den mit 76 m höchsten Punkt der Tour. Achtung: Wenn du auf die Hauptstraße kommst, bist du zu weit geradelt! Etwa 2 km vorher biegt links ein Sträßlein Richtung Meer ab. Es führt am Großsteingrab Su Niu e Su Crobu vorbei nach ❺ La Tonnara. Der kleine, abgelegene Urlaubsort mit Campingplatz lockt mit der schönen Cala Sapone zur Badepause und mit einer netten Strandbar direkt an der Straße mit ausgezeichneter Meeresküche zum kleinen Preis zur Rast mit Blick auf das Strandleben.

EIN KLETTERABSTIEG IN DIE BUCHT

Kurz nach La Tonnara liegt links in freier Natur ein geteerter Parkplatz. Anhalten und in die ❻ Cala della Si-

Das weitgehend flache Sant'Antioco eignet sich ideal für eine Radtour durch die Natur

gnora *hinunterklettern!* In der Bucht haben Wind und Wetter den Vulkanfels glatt gelutscht und eine wunderschöne, kleine Bucht geschaffen. Ist die See ruhig, kannst du hier schnorcheln, herrscht Seegang, kannst du den Wellen zusehen, wie sie am steinharten Vulkanfels zerschellen – Romantikabstecher Nummer 3! *Danach führt die schmale Straße stellenweise unmittelbar an der Abbruchkante einer einsamen und großartigen, von vulkanischen Kräften geformten Steilküste entlang.* Immer wieder laden Aussichtspunkte und Bänke zum Anhalten ein.

DAS HAST DU DIR VERDIENT: AB IN DIE TRATTORIA!

Nach etwa 35 km erreichst du die Spiaggia Grande, den größten und meistbesuchten Strand der Insel. *Kurz danach fangen schon die ersten Häuser von* ❼ Calasetta *an.* Der schachbrettartig angelegte, strahlend weiße Ort bietet Läden, Bars und Restaurants. Gönn dir jetzt einen Aperitif mit Hafenblick im Palomar Café *(Mo geschl. | Lungomare Cristoforo Colombo)* und dann die gute, von ligurischen und afrikanischen Einflüssen geprägte Küche in einer der Trattorien der Stadt (mittags sind allerdings viele geschlossen).

14 km

❼ Calasetta

Nach dieser ausgiebigen Pause geht es erst *ein kurzes Stück die Hauptstraße Richtung Sant'Antioco hoch; von dieser zweigst du aber nach 1,5 km links ab in Richtung Cussorgia zum abgelegenen Strandsee Stagno Cirdu (Lungomare Caduti Nassiriya). Von hier sind es dann noch ca. 20 Minuten* zum Ausrollen entlang der stillen Küste bis nach ❶ Sant'Antioco. Wenn dann die Sonne die Meerenge zwischen Sant'Antioco und Sardinien in goldenes Licht taucht und die Fischerboote sanft in den Wellen schaukeln, erlebst du zum Abschluss den wahrscheinlich romantischsten Augenblick der ganzen Tour!

12 km

❶ Sant'Antioco

GUT ZU WISSEN

DIE BASICS FÜR DEINEN URLAUB

ANKOMMEN

ANREISE
Mit dem Auto geht es via Schweiz und Gotthardtunnel oder via Österreich und Brennerpass nach Genua auf die teure, lange Nachtfähre nach Olbia oder Porto Torres oder runter bis Livorno auf die Tag- oder Nachtfähre nach Olbia oder Golfo Aranci. Kabinen sind bei Nachtfähren komfortabel, aber keine Pflicht. Die deutlich längere Anfahrt nach Civitavecchia lohnt sich nur, wenn du die Fähre nach Cagliari nehmen willst. In der Hochsaison unbedingt rechtzeitig buchen, da dann ganz Italien Ferien macht und die Fähren rappelvoll sind. Außerhalb der Hochsaison werden teils sehr günstige Tarife angeboten. Es lohnt sich, die Preisentwicklung der Fährgesellschaften Moby/Tirrenia, Sardiniaferries, GNV und Grimaldi Lines im Auge zu behalten.

Die Hafenstädte auf dem Festland haben alle Bahnanschluss, auf Sardinien ist der Bahnhof maximal 15 Minuten Fußmarsch vom Fährhafen entfernt. Auf der Insel ist das Bahnnetz dünn: Es existiert nur eine Hauptlinie von Golfo Aranci/Olbia nach Cagliari mit Abzweig nach Porto Torres und Iglesias. Für den Wechsel vom Zug zum Schiff und andersherum solltest du eine Stunde Zeit einplanen. *trenitalia.com*
Von Ostern bis Oktober gibt es Direktflüge nach Olbia, Cagliari und Alghero. Außerhalb der Saison ist meist Umsteigen angesagt. ITA Airways bietet sehr günstige Preise ab Frankfurt, Berlin, Wien und Zürich. Der Flughafen Cagliari hat einen Bahnanschluss, Olbia einen Busbahnhof, von dem in der Saison zahlreiche Busverbindungen in die Ferienorte starten, aber meist nur ein- bis zweimal am Tag. Vom Flughafen Alghero fahren Direktbusse nach Alghero und Sassari.

An den Küsten weht es oft: sardische Flagge am Capo Spartivento, der Südspitze der Insel

INFORMATIVE WEBSITES

sardegnaturismo.it ist die offizielle Tourismuswebsite der Region Sardinien. Die umfangreichste deutschsprachige Sardinien-Website ist der Blog *pecora-nera.eu,* der mit detaillierten und aktuellen Infos aufwartet. Reisepraktische Informationen aller Art findet man auch unter *sardinienforum.de.*

KLIMA & REISEZEIT

Die Vor- und Nachsaison im April/Mai und September/Oktober lockt viele Motorradfahrer auf Sardiniens Kurvenstrecken. Früh- und Spätsommer sind ideal für Rundreisen und Sporturlaub. Die Badesaison beginnt ungefähr Mitte Mai und dauert bis Anfang Oktober, das Meer hat aber stellenweise und vor allem im Süden noch bis in den November hinein angenehme Temperaturen. Von Ende Juni bis Ende August ist Hochsaison. Wer kann, meidet insbesondere die zentralen Augusttage, denn da platzt die Insel aus allen Nähten. Doch Sardinien kann auch anders: Im Januar und Februar liegen die Berge Zentralsardiniens in der Regel unter einer dichten Schneedecke.

WEITER-KOMMEN

AUTO

Die italienischen Verkehrsvorschriften sind weitgehend mit den deutschen identisch. Wichtige Ausnahmen: Außerorts muss auch tagsüber mit Licht gefahren werden und für jeden Mitfahrer ist im Fahrgastraum eine Warnweste mitzuführen, die im Pannenfall beim Verlassen des Autos angelegt werden muss. Die Höchstgeschwindigkeit beträgt in Ortschaften 50, auf

Landstraßen 90, auf Schnellstraßen 110 km/h. Autobahnen gibt es keine auf Sardinien, auf dem Festland gilt dort 130 km/h.

Tankstellen haben meist über Mittag und sonntags geschlossen. Oft steht jedoch außerhalb der Öffnungszeiten ein Tankautomat bereit, der mit Kreditkarte und/oder mit Geldscheinen funktioniert. Immer wieder gibt es aber Probleme mit ausländischen Bankkarten, deshalb ausreichend Puffer zur Tankstellensuche einplanen, wenn du deinen Mietwagen rechtzeitig zurückgeben musst!

INSIDER-TIPP
Nicht auf den letzten Drücker

MIETWAGEN

Es ist immer am günstigsten, bereits vor der Reise über einen großen Anbieter oder im Internet zu buchen. Einen Kleinwagen bekommst du ab ca. 400 Euro pro Woche. Auf Vollkasko-Versicherungsschutz achten!

ÖFFENTLICHE VERKEHRSMITTEL

Das Busnetz auf Sardinien ist sehr dicht. Die staatliche ARST *(arst.sardegna.it)* fährt fast jedes Dorf an. Alle Buslinien sind über Google Maps zuverlässig und in Echtzeit recherchierbar. Alle größeren Orte besitzen einen zentralen Busbahnhof *(stazione autobus)*, in Dörfern ist die Haltestelle meist in der Ortsmitte. Tickets erhält man in Bars, an Kiosken oder in Tabakläden im Umfeld der Haltestelle, in größeren Orten auch am Automaten.

WAS KOSTET WIE VIEL?

Espresso	1–1,50 Euro *im Stehen am Tresen*
Imbiss	2,50–4 Euro *für ein panino mit Käse*
Wein	2–4 Euro *für einen Viertelliter vino della casa*
Liegestuhl	5–20 Euro/Tag *in der Hochsaison und an der Costa Smeralda zum Teil drastisch mehr*
Benzin	1,75–2,20 Euro *für 1 l Super 95*
Bus	6–10 Euro *für 100 km*

IM URLAUB

EINTRITTSPREISE

Der Eintritt in staatlichen Einrichtungen wie Museen, sehenswerten Bauwerken, Ausgrabungsstätten etc. ist deutlich preiswerter als in Mitteleuropa und bis 18 Jahre frei. In staatlichen Museen ist der Eintritt jeden ersten Sonntag im Monat sogar generell kostenlos. Bei von Gemeinden oder privat verwalteten Sehenswürdigkeiten ist die Bandbreite groß. So kostet z. B. die Grotta Is Zuddas 10 Euro, die Grotta di Nettuno 14 Euro. Die berühmte Nuraghe Su Nuraxi nimmt 15 Euro, die Nuraghenfestung Palmavera bei Alghero und die Nuraghe Losa je 5 Euro, die Ausgrabungsstätte von Nora 8 Euro, jene in Tharros 8,50 Euro.

FESTE & EVENTS

RUND UMS JAHR

FEBRUAR/MÄRZ

Carnevale (Barbagia): Fasching- und Maskenfeste

Sartiglia (Oristano): farbenfrohes Reiterfest zu Karneval

MÄRZ/APRIL

Settimana Santa (Cagliari, Alghero, Iglesias): Passionsspiele zu Ostern

APRIL

Skepto (Cagliari), *skepto.net:* internationales Kurzfilmfestival

Olbia in Fiore: Die Fußgängerzone wird zur Grünanlage

MAI

Sant'Efisio (Cagliari): riesiger Trachtenumzug (Foto)

San Simplicio (Olbia): Kirmes mit Prozessionen, Umzügen, Reitwettbewerb

Cavalcata Sarda (Sassari): Reiter- und Trachtenfest

Sardinia Trail (Ogliastra), *sardiniatrail.com:* spektakulärer Trailrunning-Wettbewerb

ANFANG JUNI

Superyacht Regatta (Porto Cervo), *yccs.it:* internationale Megayachtenregatta

JULI

Sardegna Pride (Cagliari), *Facebook: Sardegnapride:* Christopher Street Day auf sardisch

AUGUST

Musica sulle Bocche (Santa Teresa Gallura), *musicasullebocche.it:* Jazzfestival am Strand

SEPTEMBER

San Salvatore (Cabras): Pilger-Barfußlauf im Morgengrauen

Sunandbass (San Teodoro), *sunandbass.net:* Drum-and-Bass-Festival

Antico Sposalizio Selargino (Selargius): echte Hochzeit in echten Trachten

SEPTEMBER-DEZEMBER

Autunno in Barbagia (Barbagia), *cuoredellasardegna.it:* Herbst-, Wein- und Spezialitätenfeste jedes Wochenende

GRÜN & FAIR REISEN

Du willst beim Reisen deine CO_2-Bilanz im Hinterkopf behalten? Dann kannst du deine Emissionen kompensieren *(atmosfair.de; my climate.org)*, deine Route umweltgerecht planen *(routerank.com)* oder auf Natur und Kultur *(gate-tourismus.de)* achten. Mehr über ökologischen Tourismus erfährst du hier: *oete.de* (europaweit); *germanwatch.org* (weltweit).

FEIERTAGE

1. Jan.	*Capodanno* (Neujahr)
6. Jan.	*Epifania* (Hl. Drei Könige)
März/April	*Pasquetta* (Ostermontag)
25. April	*Liberazione* (Jahrestag der Befreiung vom Faschismus)
1. Mai	*Festa del Lavoro* (Tag der Arbeit)
2. Juni	*Festa della Repubblica* (Tag der Republik)
15. Aug.	*Ferragosto* (Mariä Himmelfahrt)
1. Nov.	*Ognissanti* (Allerheiligen)
8. Dez.	*Immacolata Concezione* (Mariä Empfängnis)
25. Dez.	*Natale* (Weihnachten)
26. Dez.	*Santo Stefano* (Zweiter Weihnachtsfeiertag)

GELD & KREDITKARTEN

Geldautomaten *(bancomat)* sind zahlreich vorhanden; die gängigen Kreditkarten werden von sehr vielen Hotels, Restaurants, Tankstellen und Geschäften akzeptiert.

INTERNETZUGANG & WLAN

Fast alle Hotels und Campingplätze verfügen über kostenloses WLAN. Kostenfreie Hotspots gibts außerdem auf Flughäfen und in vielen Cafés. In Ferienhäusern ist ein WLAN-Anschluss noch die Ausnahme, manchmal stellt der Vermieter gegen Aufpreis ein mobiles Datenmodem zur Verfügung.

ÖFFNUNGSZEITEN

Läden sind werktags meist von 8.30 bis 13 und von 17 bis 20 Uhr geöffnet, Märkte nur vormittags. In der Saison haben zahlreiche Geschäfte bis 22 oder gar 24 Uhr geöffnet. Supermärkte und Bäckereien sind oft auch am Sonntagmorgen geöffnet.

STRÄNDE

Alle Strände auf Sardinien sind frei zugänglich. Auch wenn es immer mehr Strände mit Lidobetrieb gibt, muss ein Teil des Strands frei bleiben *(spiaggia libera)* und Spazierengehen am Ufer ist immer erlaubt. Oben ohne wird an den großen Stränden toleriert, FKK aber nicht.

TELEFON & HANDY

Vorwahlen: Deutschland *0049*, Österreich *0043*, Schweiz *0041*, Italien *0039*. Innerhalb Italiens gibt es keine Vorwahlen, die Null am Beginn von Festnetznummern muss daher immer mitgewählt werden.

TOILETTEN

Toiletten in Restaurants und Bars sind leider selten sauber, deshalb solltest du immer Toilettenpapier und ein paar Feuchttücher dabeihaben. Letztere aber bitte auf keinen Fall ins Klo werfen, denn die engen Rohre verstopfen schnell.

TRINKGELD

Auf Sardinien ist Tip in der Gastronomie wesentlich weniger verbreitet, da im Restaurant der Service automatisch mitberechnet wird.

ZOLL

Frei ein- und ausgeführt werden dürfen innerhalb der EU alle Waren für den persönlichen Gebrauch. Richtwerte hierfür sind u. a. 800 Zigaretten und 10 l Spirituosen. Für Schweizer gelten erheblich geringere Freimengen.

NOTFÄLLE

DIPLOMATISCHE VERTRETUNGEN

– Deutsches Konsulat in Cagliari: Via Garzia Raffa 9 | Tel. 0 70 30 72 29

– Österreichische Botschaft in Rom: Via Pergolesi 3 | Tel. 0 68 44 01 41

– Schweizer Konsulat in Cagliari: Via XX Settembre 16 | Tel. 0 70 66 36 61

GESUNDHEIT

Mit der Europäischen Krankenversicherungskarte EHIC hast du im selben Maß Anspruch auf kostenlose medizinische Versorgung wie Einheimische. Lass dir ggf. kostenpflichtige Leistungen genau quittieren, um sie von der heimischen Kasse erstatten zu bekommen. Größere Ferienorte haben während der Saison die *Guardia Medica Turistica,* eine Ambulanz für Feriengäste.

NOTRUF

Allgemeiner Notruf *Tel. 1 12,* Pannenhilfe vom Festnetz *Tel. 80 31 16,* vom deutschen Handy *Tel. 80 0 11 68 00*

WETTER IN CAGLIARI

Hauptsaison (JULI, AUG.)
Nebensaison (JAN.–JUNI, SEPT.–DEZ.)

	JAN.	FEB.	MÄRZ	APRIL	MAI	JUNI	JULI	AUG.	SEPT.	OKT.	NOV.	DEZ.
Tagestemperaturen	14°	15°	17°	20°	23°	28°	31°	31°	28°	24°	19°	15°
Nachttemperaturen	7°	7°	8°	10°	14°	18°	20°	20°	19°	15°	12°	8°
Sonnenschein Stunden/Tag	5	5	6	8	9	10	11	10	8	7	5	4
Niederschlag Tage/Monat	7	7	6	5	5	2	1	1	3	6	7	8
Wassertemperatur in °C	14	13	14	15	17	20	23	24	23	21	18	15

Sonnenschein Stunden/Tag · Niederschlag Tage/Monat · Wassertemperatur in °C

SPICKZETTEL ITALIENISCH

SMALLTALK

Ein Akzent steht im Italienischen nur, wenn die letzte Silbe betont wird. Ansonsten haben wir die Betonung durch einen Punkt unter dem betonten Vokal angegeben.

ja/nein/vielleicht	**sì/no/fọrse**
bitte/danke	**per favọre/grạzie**
Entschuldige!/Entschuldigen Sie!	**Scụsa!/Scụsi!**
Wie bitte?	**Cọme dịce?/Prẹgo?**
Gute(n) Morgen!/Tag!/Abend!/Nacht!	**Buọn giọrno!/Buọn giọrno!/Buọna sẹra!/Buọna nọtte!**
Hallo!/Tschüss!/Auf Wiedersehen!	**Cịao!/Cịao!/Arrivedẹrci!**
Ich heiße …	**Mi chịamo …**
Wie heißen Sie?/Wie heißt du?	**Cọme si chịama?/Cọme ti chịami?**
Ich möchte …/Haben Sie …?	**Vorrẹi …/Avẹte …?**
Das gefällt mir (nicht).	**(Non) mi pịace.**
gut/schlecht	**buọno/cattịvo**

ZEIGEBILDER

ESSEN & TRINKEN

Die Speisekarte, bitte.	**Il menù, per favọre.**
Flasche/Karaffe/Glas	**bottịglia/carạffa/bicchiẹre**
Messer/Gabel/Löffel	**coltẹllo/forchẹtta/cucchiạio**
Salz/Pfeffer/Zucker	**sạle/pẹpe/zụcchero**
Essig/Öl/Milch/Sahne/Zitrone	**acẹto/ọlio/lạtte/pạnna/limọne**
mit/ohne Eis/Kohlensäure	**con/sẹnza ghiạccio/gas**
kalt/versalzen/nicht gar	**frẹddo/trọppo salạto/non cọtto**
Vegetarier(in)/Allergie	**vegetariạno/vegetariạna/allergịa**
Ich möchte zahlen, bitte.	**Vorrẹi pagạre, per favọre.**
Rechnung/Quittung/Trinkgeld	**cọnto/ricevụta/mạncia**
bar/Kreditkarte	**in contạnti/cạrta di crẹdito**

NÜTZLICHES

Wo finde ich …?	**Dọve pọsso trovạre ...?**
links/rechts/geradeaus	**sinịstra/dẹstra/drịtto**
Wie viel Uhr ist es?	**Che ọra è? Che ọre sọno?**
Es ist drei Uhr./Es ist halb vier.	**Sọno le tre./Sọno le tre e mẹzza.**
heute/morgen/gestern	**ọggi/domạni/iẹri**
Wie viel kostet …?	**Quạnto cọsta ...?**
zu viel/viel/wenig/alles/nichts	**trọppo/mọlto/pọco/tụtto/niẹnte**
teuer/billig/Preis	**cạro/econọmico/prẹzzo**
Wo finde ich einen Internetzugang/ WLAN?	**Dọve trọvo un accẹsso ịnternet/ wi-fi?**
offen/geschlossen	**apẹrto/chiụso**
kaputt/funktioniert nicht	**guạsto/non funziọna**
Panne/Werkstatt	**guạsto/officịna**
Fahrplan/Fahrschein	**orạrio/bigliẹtto**
Zug/Gleis/Bahnsteig	**trẹno/binạrio/banchịna**
Hilfe!/Achtung!/Vorsicht!	**Aiụto!/Attenziọne!/Prudẹnza!**
Verbot/verboten/Gefahr/gefährlich	**diviẹto/vietạto/perịcolo/ pericolọso**
Apotheke	**farmacịa**
Fieber/Schmerzen	**fẹbbre/dolọri**
0/1/2/3/4/5/6/7/8/9/10/ 100/1000	**zẹro/ụno/dụe/tre/quạttro/cịnque / sẹi/sẹtte/ọtto/nọve/diẹci/cẹnto/ mịlle**

URLAUBS FEELING

ZUM EINSTIMMEN & AUSKLINGEN

LESESTOFF & FILMFUTTER

PADRE PADRONE

Die authentische Lebensgeschichte (1975) von Gavino Ledda aus Siligo, der ein hartes Leben als Hirtenjunge führte, erst beim Militär Lesen lernte und später Unidozent wurde. 1977 an Originalschauplätzen verfilmt.

ACCABADORA

In Michela Murgias Roman verweben sich zwei Frauenleben in einem sardischen Dorf in den 1950ern. Wenn die alte Schneiderin Bonnaria nachts aus dem Haus geht, läuten am nächsten Tag die Totenglocken. Ein radikaler, verblüffend aktueller Roman von 2009.

DER SPION, DER MICH LIEBTE

Wilde Verfolgungsfahrten und Rennen mit Acquabikes an der Costa Smeralda – wer, wenn nicht 007 kann so die Welt retten? Die Szenen im Hafen von Palau und das Auftauchen des Bond-Mobils in Capriccioli sind spektakulär!

GRENZENLOS – DIE WELT ENTDECKEN IN SARDINIEN

40-minütige TV-Reportage (auf Youtube) zu Streetfood-Startups, Maskenschnitzern, Tauchern, sardischen Rappern, Bootsbauern, Trachtenträgern, Kitern und Privatbutlern in Sardiniens Luxushotels.

PLAYLIST QUERBEET

0:58

II GIUNI RUSSO – ALGHERO
Kultklassiker aus den 1980ern über einen Sardinienurlaub

▶ ANDREA PARODI & AL DI MEOLA – NO POTHO REPOSARE
Liebeslied aus den 1920ern, das jedem Sarden fern der Heimat die Heimwehtränen in die Augen treibt

▶ CORO ORTOBENE – NANNEDDU MEU
Vertonte Poesie, die alten Zeiten hinterhertrauert – auf jedem sardischen Volksfest zu hören

▶ FABRIZIO DE ANDRÈ – HOTEL SUPRAMONTE
Der Liedermacher verarbeitet in dem sentimentalen Song seine Entführung durch sardische Banditen 1979

▶ INNU – DUSTY KID
Electro-Sounds mit *launeddas* und *mamuthones*-Klängen – sardische Töne zum Aufheizen!

Den Soundtrack zum Urlaub gibt's auf **Spotify** unter **MARCO POLO Italy**

Oder Code mit Spotify-App scannen

AB INS NETZ

GANZEINFACHSARDINIEN.DE
Deutschsprachiger Outdoor- und Aktivurlaub-Blog aus der Ogliastra, dem wilden Teil der Ostküste.

COAST APP
Sehr guter Strand- und Eventführer für Olbia und die Costa Smeralda.

BENTU-APP.COM
Endlos viele schöne Strände, aber wo sind Wind, Wetter und Wellen perfekt? Die auf Sardinien entwickelte App berechnet für jeden Strand ein Wohlfühl-Rating.

DITZIONARIU. SARDEGNACULTURA.IT
Online-Wörterbuch, das sardische Begriffe auf Sardisch und Italienisch erläutert und in diverse Sprachen – darunter auch Deutsch – übersetzt; auch umgekehrt vom Deutschen ins Sardische.

PECORA-NERA.EU
Das deutschsprachige Onlinemagazin berichtet aus und über Sardinien mit so interessanten wie amüsanten Beiträgen zu allen wichtigen und unwichtigen Themen.

TRAVEL PURSUIT

DAS MARCO POLO URLAUBSQUIZ

Weißt du, wie Sardinien tickt? Teste hier dein Wissen über die kleinen Geheimnisse und Eigenheiten von Land und Leuten. Die Lösungen findest du in der Fußzeile. Und ganz ausführlich auf den S. 18–23.

❶ Was gibt es auf Sardinien mehr?
a) Nuraghen
b) Schafe
c) Einwohner

❷ Was ist Sardisch?
a) Eine nur noch in Alghero gesprochene Mischung aus Katalanisch und Italienisch
b) Eine eigene Sprache
c) Der auf Sardinien gesprochene Dialekt des Italienischen

❸ Was machen die Sarden nicht aus Kork?
a) Mousepads
b) Designermode
c) Kissenfüllungen

❹ Was stellen die sardischen Wandmalereien dar?
a) Bildergeschichten aus Politik und Wirtschaft
b) Sardische Naturszenen und Strände der Insel
c) Religiöse Allegorien

❺ Was zeigt die sardische Flagge?
a) Die Umrisse der Insel
b) Vier Mauren
c) Eine stilisierte Sonne

❻ Welchen Wind an der Nord- und Westküste schätzen die Surfer und Kiter?
a) Schirokko
b) Mistral
c) Bora

Lösungen: 1b, 2b, 3c, 4a, 5b, 6b, 7b, 8c, 9c, 10a, 11b, 12b, 13b

Wie viele Hirten hüten wohl Sardiniens zahlreiche Schafe? Frage 13!

❼ Wie lautet der Name der teuersten Ecke Sardiniens?

a) Costa Concordia
b) Costa Smeralda
c) Costa Rei

❽ Welcher Ort galt einmal als das berüchtigte Banditennest Sardiniens?

a) Corleone
b) Siligo
c) Orgosolo

❾ Was sehen viele Urlauber, die mit der Fähre in Porto Torres ankommen, als Erstes von der Insel?

a) Die größte Nuraghenfestung der Insel
b) Einen Truppenübungsplatz der Nato
c) Erdölraffinerien

❿ Wovon gibt es auf Sardinien mehr als 7000?

a) Nuraghen
b) Strandbars
c) Korkproduzenten

⓫ Wovor sollten die rund 100 Sarazenentürme schützen?

a) Ausbreitung von Flächenbränden
b) Piratenangriffe
c) Angriffe von verfeindeten Dörfern

⓬ Was ist ein sardischer Exportschlager?

a) Meersalz
b) Schafskäse
c) Sand

⓭ Wie viele Hirten gibt es auf Sardinien?

a) ca. 9000
b) ca. 30 000
c) ca. 55 000

REGISTER

LOB ODER KRITIK? WIR FREUEN UNS AUF DEINE NACHRICHT!

Trotz gründlicher Recherche schleichen sich manchmal Fehler ein. Wir hoffen, du hast Verständnis, dass der Verlag dafür keine Haftung übernehmen kann.

MARCO POLO Redaktion • MAIRDUMONT • Postfach 31 51
73751 Ostfildern • info@marcopolo.de

Impressum
Titelbild: Capo d'Orso (Schapowalow/SIME: M. Arduino)
Fotos: DuMont Bildarchiv: C. & T. Anzenberger (Klappe vorne außen, Klappe vorne innen, 1, 11, 19, 24/25, 26/27, 30/31, 35, 49, 54/55, 60, 62, 64, 67, 73, 74/75, 78, 82, 89, 103, 109, 110/111, 120, 134/135, 137, 144/145); R. M. Gill (31); P. Höh (127); Huber images: M. Arduino (124/125); huber-images: A. Addis (27), D. Erbetta (51), O. Fantuz (98/99), J. Huber (42); huber-images/Spexi: A. Addis (56/57, 61, 93); Laif: H.-B. Huber (130), D. Schmid (9); Laif/hemis.fr: L. Montico (38/39); Look/age fotostock (119); T. Lutz (147); mauritius images: C. Bäck (85); mauritius images/age fotostock: J. Wlodarczyk (107); mauritius images/age fotostock/ Clickalps SRLs (6/7, 14/15); mauritius images/Alamy: N. Iacono (8), M. Spanu (12/13); mauritius images/ClickAlps (2/3); mauritius images/CuboImages: R. Lombardo (123), L. Picciau (117); mauritius images/CuboImages (132, E. Spanu (115); mauritius images/CuboImges: L. Picciau (87); mauritius images/Cultura: D. Fettes (95), S. Oppo (10); mauritius images/Travel Collection (53); mauritius images/United Archives: DeAgostini (46); Schapowalow Images: A. Addis (32/33, 45, 68/69), U. Bernhart (23), O. Fantuz (142/143), T. & B. Morandi (20), R. Spila (104); Schapowalow: V. Leplat (121); O. Stadler (96); vario images/imagebroker (81); T. Widmann (71)

18., aktualisierte Auflage 2023

Autoren: Hans Bausenhardt, Timo Lutz; Redaktion: Nikolai Michaelis; Bildredaktion: Gabriele Forst
Kartografie: © MAIRDUMONT, Ostfildern (S. 36–37, 126, 133, Umschlag außen, Faltkarte); Kompass Karten GmbH, A-Innsbruck © MAIRDUMONT, Ostfildern (S. 129); © MAIRDUMONT, Ostfildern, unter Verwendung von Kartendaten von OpenStreetMap, Lizenz CC-BY-SA 2.0 (S. 40–41, 58–59, 63, 66, 76–77, 90, 100–101, 112–113, 114).
Als touristischer Verlag stellen wir bei den Karten nur den De-facto-Stand dar. Dieser kann von der völkerrechtlichen Lage abweichen und ist völlig wertungsfrei.
Gestaltung Cover, Umschlag und Faltkartencover: bilekjaeger_Kreativagentur mit Zukunftswerkstatt, Stuttgart
Gestaltung Innenlayout: Langenstein Communication GmbH, Ludwigsburg
Spickzettel: in Zusammenarbeit mit PONS Langenscheidt GmbH, Stuttgart
Texte hintere Umschlagklappe: Lucia Rojas
Konzept Coverlines: Jutta Metzler, bessere-texte.de

MIX
Papier aus verantwortungsvollen Quellen
FSC® C124385

Printed in China

MARCO POLO AUTOR
TIMO LUTZ
In Schwaben aufgewachsen, in Sachsen studiert und glücklich auf Sardinien gestrandet: Seit bald Jahrzehnten durchstreift der Inselprofi und Reisejournalist Timo Lutz seine Wahlheimat und kennt inzwischen wohl jede Bucht und jeden Berg der Trauminsel. Nur Fisch und Meeresfrüchte gehören immer noch nicht zu seinen Leibspeisen – da kommt dann doch der Schwabe durch.

BLOSS NICHT!

FETTNÄPFCHEN UND REINFÄLLE VERMEIDEN

STADTBESICHTIGUNG ZUR MITTAGSZEIT

Einen Stadtbummel zwischen 13 und 17 Uhr würde kein Sarde machen. Da wird zu Hause oder im Restaurant gegessen oder besser noch Siesta gemacht. Offen sind in den Innenstädten zu dieser Zeit ohnehin nur die internationalen Modeketten, die es überall auf der Welt gibt.

AM STRAND GEPÄCK IM AUTO LASSEN

Am Strand und in den wenigen größeren Städten gelten andere Gesetze als in der Welt der sardischen Dörfer oder in der Weite des Hirtenlands. Fensterglassplitter an solchen Orten sind ein deutliches Indiz.

SAND MITNEHMEN

Null Toleranz herrscht an sardischen Flughäfen beim Sandklau: Wer ein kostenloses Strandsouvenir mit in die Heimat bringen will, wird knallhart herausgefischt. Am Traumstrand von Stintino sind zur Hochsaison sogar nur noch Strandmatten erlaubt, weil in den üblichen Strandhandtüchern zu viel des schneeweißen Puderzuckersands hängenbleibt.

UNACHTSAM MIT FEUER

Jedes Jahr zerstören Feuer riesige Flächen Wald und Macchia. Meist bleiben nur kahle Steinwüsten zurück. Glimmende Zigarettenstummel, der heiße Auspuff des Autos über trockenem Gras, Laub oder Nadeln oder Funkenflug von Picknickfeuern können verheerende Folgen haben.

IM RESTAURANT GETRENNT BEZAHLEN WOLLEN

Der Wunsch nach einer einzeln pro Gast aufgeschlüsselten Rechnung würde den sardischen Kellner ganz schön in Verlegenheit bringen. Wenn schon, dann wird die Rechnung einfach durch die Zahl der Esser geteilt, *capito?*